U0542999

八条古道游中国
给孩子的人文地理课

东南古道：纵横山水间

图书在版编目（CIP）数据

东南古道：纵横山水间 / 耿朔著. -- 武汉：长江少年儿童出版社, 2022.10

（八条古道游中国. 给孩子的人文地理课）

ISBN 978-7-5721-2437-2

Ⅰ. ①东… Ⅱ. ①耿… Ⅲ. ①古道—人文地理—中国—少儿读物 Ⅳ. ① K928.78-49

中国版本图书馆 CIP 数据核字（2022）第 091716 号

地图审图号：GS（2022）3983 号

八条古道游中国·给孩子的人文地理课
东南古道：纵横山水间
DONGNAN GUDAO: ZONGHENG SHANSHUI JIAN

出品人：何龙	封面设计：陈奇	业务电话：027-87679174
总策划：姚磊	责任印制：邱刚	网　址：http://www.cjcpg.com
责任编辑：邹永强	实习编辑：林育宇　韩自	承印厂：武汉新鸿业印务有限公司
美术编辑：刘嘉鹏	图书音频	经　销：新华书店湖北发行所
责任校对：邓晓素	出品人：李鸿谷	开　本：16开
内文插画：卞婉露　朱悦	总编辑：贾冬婷	印　张：8.625
内文地图：林欣霞	制作人：俞力莎	印　次：2022年10月第1版，2022年10月第1次印刷
地图审核：张丹茜	音频编辑：霓子	书　号：ISBN 978-7-5721-2437-2
版式设计：一壹文化传媒	流程编辑：赵翠	定　价：42.00元

如有印装质量问题，请向承印厂调换。

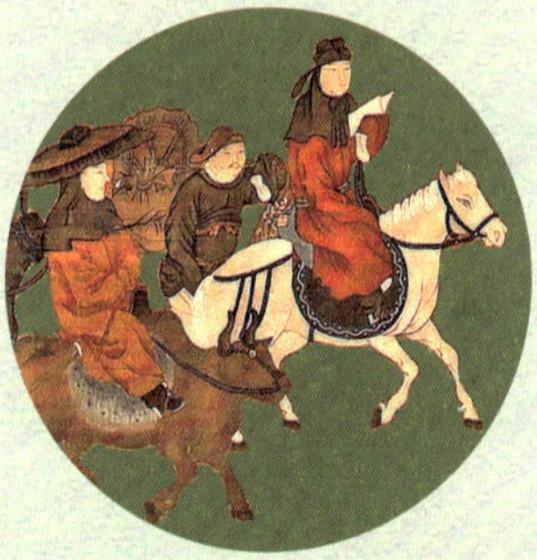

目录

上篇　水行千里　徽杭古道 / 002

寄命于商，走出大山 / 007

水路蜿蜒，走向全国 / 011

无徽不成镇 / 013

● 钱江源　水从山间来 / 019

探寻钱江源 / 020

欲识金银气，须从黄白游 / 022

两水交汇到屯溪 / 027

● 渐江　桃花古坝访雄村 / 031

"父子尚书"曹家大族 / 034

人才辈出 竹山书院 / 036

● **练江　溯江而上到渔梁** / 039

渔梁坝下故事多 / 042

汪王的生日，徽州的节日 / 044

● **新安江　山水画廊好风光** / 047

三百六十滩，新安在天上 / 048

碧波浩瀚千岛湖 / 051

● **富春江　人文荟萃名人多** / 053

传奇名画《富春山居图》 / 054

严子陵垂钓富春江 / 056

富阳名人郁达夫 / 058

● 钱塘江 一路美景到杭州 / 061

一代巨商胡雪岩 / 067

下篇 山水兼程 赣粤古道 / 072

● 韶关 水陆要冲 粤北名城 / 081

南华寺与六祖慧能 / 084

世界遗产丹霞山 / 087

● 始兴 客家围屋看这里 / 091

满堂大围：岭南乡间的家族城堡 / 093

● **南雄　五岭之首可称雄** / 097

　　水陆转换在南雄 / 101

　　家从珠玑巷迁来 / 104

● **梅关　千古风流人物** / 107

　　张九龄：岭南第一人 / 108

　　苏轼：曾见南迁几个回 / 110

　　文天祥：归乡如不归 / 112

　　跨越梅关入江西 / 114

　　汤显祖：《牡丹亭》里的南安旧梦 / 117

● **赣州　章贡交汇　古风犹存** / 121

　　郁孤台下清江水 / 123

◇ 本书图片如无标注均为作者供图。

出发 ➡

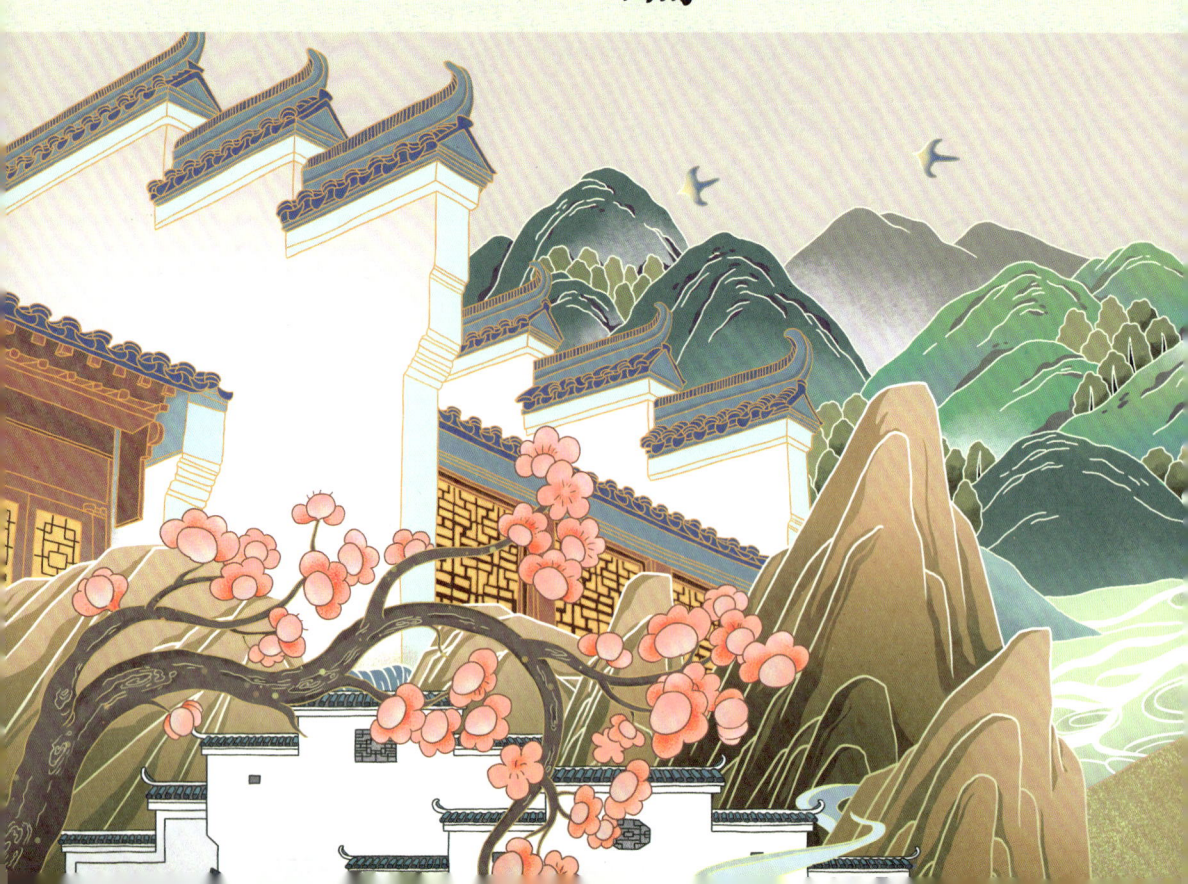

上篇

水行千里　徽杭古道

徽杭古道

钱塘江

杭州

富春江

富阳

严子陵钓台

桐庐

淳安

千岛湖

新安江水库

深渡

新安江山水画廊

雄村

歙县

徽州古城

渔梁坝

屯溪

横江

齐云山

率水

图例
- 古道沿线城市
- 古道周边景物

徽杭古道，就像丝绸之路、茶马古道一样，并不是古称，而是一条后人不断总结、丰富内涵的古道。它的名称取自这条交通线路的两端：徽州与杭州。杭州不用解释，这是浙江省省会，也是著名的古城。如果你在今天的地图上查"徽州"，是查不到徽州市的，只能查到安徽省黄山市下面有一个县级徽州区，这个区域太小了，肯定不是一回事。

原来我们经常说的"徽州"已经是历史地名了。徽州之名最早出现在北宋徽宗宣和三年（1121年）。在此之后漫长的岁月里，徽州一直是州、府一级，差不多相当于现在的地级市。

历史上的徽州，主体是今天安徽省黄山市，它包含了徽州一府六县中的歙（Shè）县、休宁、黟（Yī）县、祁门四县；另外两个县中，绩溪县属于安徽省宣城市，而婺源县属于江西省上饶市，这是20世纪皖南地区经过数次行政区划调整的结果。

虽然徽州不再是一个行政整体，但凭借留存下来的丰富文化遗产，仍然具有相当的影响力。最直接的例证就是清初设立安徽省，取名来自当时省会安庆府和最富有的徽州府的首字，甚至现在还有不少外省朋友误以为安徽的简称就是"徽"。

◇ 徽州黟县柯村风光
（视觉中国）

时至今日，徽州不仅是一个地域指称，更被看作一种文化意象，如同江南一样。为什么徽州如此与众不同？它在思想、文学、艺术、建筑、饮食方方面面都很有建树，被誉为明清乡土社会的典型标本。

为什么徽州与杭州两地会有紧密联系？为何这条道路到今天会演绎出许多的传奇？这就要从徽州人说起。而最著名的徽州人，是一个商人群体，也就是明清两代驰名天下，对中国经济、社会和文化发展产生过重大影响的"徽商"。他们正是使用徽杭古道的历史主体，也将是我们这趟旅行故事的主角。

◆ 寄命于商，走出大山

我们的故事从离家远行开始说起。

清朝乾隆十九年（1754 年）的一天，徽州府治歙县城西的棠樾村，一个 11 岁的男孩背着简单的行囊，走过村口的石桥。他回头望了一眼往日再熟悉不过的粉墙黛瓦，又摸了摸怀里揣着的一枚铜钱，心里一阵凄惶。

从这一刻起，他失去了家庭的庇护。徽州故乡，在他身后渐渐黯淡成了影子。

男孩叫鲍志道，是鲍氏家族的一员。虽然棠樾鲍氏曾是徽州大族，颇有财富，但鲍志道的父亲不善积财。志道 7 岁开始读书，四年后因家道中落不得不中断学业，只身外出谋生。临走前，鲍家已是一贫如洗，母亲只得从箱柜底层取出志道儿时的襁褓，摘下虎头帽上配镶的"康熙通宝"，交到儿子手中——家里就剩下这一枚铜钱了，母亲要他带在身上。一家子上上下下未来的生计就全靠他了。

这个故事在棠樾广为流传，我们不必去苛求细节的真实性，但少小离家确实是明清时代徽州乡间常见的情景。在前现代社会，当中国绝大部分乡村的男男女女弯腰向田地讨生活时，徽州人却把希望投向了外面的世界。正如康熙年间的《休宁县志》所言："天下之民，寄命于农，徽民寄命于商。"

"寄命于商"四个字，言简意赅地点明了徽州人的生存之道，但若论及初衷，却并非主动愉快的选择。

这要从徽州的山水环境讲起。徽州一府六县，下辖的歙县、绩溪、休宁、黟县、祁门、婺源皆为群山怀抱。从大的范围说，属于中国南方丘陵的一部分。具体而言，安徽之脊黄山山脉位于徽州西北，并向西南方向延伸，形成皖南西部主要高峰——牯牛降。

徽州东北是层峦叠嶂的天目山，东南是连绵起伏的白际山，二山为皖浙两省之界。因而徽州自古便是一个相对独立的地理单元，只在群山之间有一些小型盆地和山麓平地，且广泛分布着酸性红壤土，肥力不足，不利于庄稼的生长。今天的人一说起徽州，总也离不开"山灵水秀"之类的赞誉。但这些世人称羡的山川地理形势，放在百多年前，却是横亘在徽州人面前最大的障碍。

明末清初的大学者顾炎武在《天下郡国利病书》中，列举

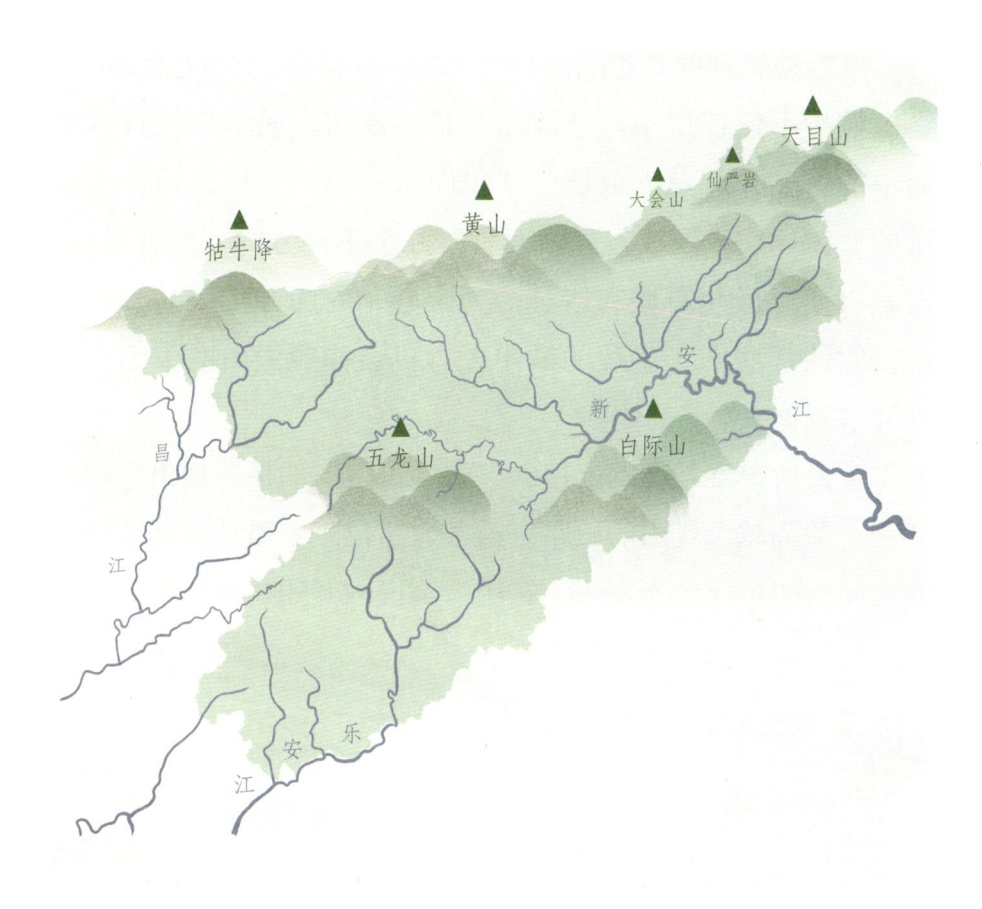

◎ 古徽州山水道路

了徽州的种种天然之弊，他的评价是"故丰年甚少，大都计一岁所入，不能支什之一"。意思是收成好的年景很少，一年的收成，还不到开支的十分之一。读来令人慨叹，常有人形容一地物华天宝，独享上苍眷顾，山多良田少的徽州显然不属此列。

人口众多，又被山困住，必然想出山。

这种外出经商的风气大约是从明代成化、弘治年间开始的，当时有水陆两种交通方式可供选择。

最容易想到的是走陆路，万山之中的徽州，道路起伏较大，崇山峻岭不便使用车马。故而昔日的徽州人通常只是打点些简单的行装，就三五成群，徒步向山外走去。从徽州通往安徽的长江一线、浙江省、江西省等几个不同方向，都有道路。这是一个以徽州府城和诸县治为中心，向四方扩散的山路网络，它使那些困于生计的徽州人有机会挣脱大山的束缚，向外界求发展。

今天大家要是在网上搜索"徽杭古道"的话，搜出来的主要是一条翻越天目山的山路。这条道路位于安徽绩溪和浙江临安之间，初步建成于南宋，在明清至民国开通杭徽公路前，一

◇ 徽杭古道（视觉中国）

直是徽商入浙的主要陆上通道，也是古徽道东线的主道。道路全长25千米，道上建有关隘，每隔五里（2.5千米）设一座茶亭，供来往行人短暂休憩。今天保存最好的一段长约15千米，位于绩溪东部伏岭镇境内，前半段用石阶或凿筑或铺筑而成，后半段则以沙石土路为多。

这条古道顺山势蜿蜒而上，在山崖峭壁间盘旋，是条有名的徒步路线。大家想，徒步的地方肯定不好走，而在装备路况皆不理想的古代，背负山货在茫茫山道上艰难攀爬的徽州人，倘若遭遇风雨，脚下极有可能就是一条不归路。但人生的境遇往往如此，只要走出大山，风景便会陡然不同。

11岁就离家的鲍志道，则是听说有同乡在鄱阳做生意，所以选择去江西讨生活，他走的应当是古徽道的西线。此后他又去了扬州，从此发迹，最终在两淮总商的位子上一坐就是20年，备受业界推崇，成为徽商创业成功的典范。他的命运转折，无疑就是从走出徽州的那一刻开始。

◆ 水路蜿蜒 走向全国

不过，与陆路相比，在徽商的发展历程中，水路扮演的角色更加重要。大宗物资的运输，自古至今都主要仰赖水上交通。就运载量而言，一艘船的作用要远大于一辆推车或一匹马，而在车马难行的徽州，船的意义自不待言。

我记得上大学的时候有位研究徽学的老师，曾用八个字形容徽州的地理形势——"封闭的山,开放的水"。徽州境内地势海拔落差大且降雨量丰富,大小河流密布。从流向来看,除黄山下来的一部分水北上流入长江,婺源县和祁门县的一些河流属于鄱阳湖水系,徽州大部分的江河都属于新安江—钱塘江水系。这三个方向,基本涵盖了徽商对外交通的三条水路。

长江沿岸城镇的繁荣,离不开徽商的经营。从鄱阳湖向南进入赣江水系,进而翻越梅岭抵达岭南,使徽商得以在广州参与海外贸易。

而更为人熟知的是新安江水路,因为徽州的母亲河就是新安江,它和它的众多支流为沟通徽州与外部世界提供了宝贵条件。这条水路的终点杭州是距离徽州本土最近的大城市,

◎ 新安江水系图

也是明清江南首屈一指的一线城市。徽商顺流而下抵达杭州后，往往以此为基地，借助江南地区发达的水上交通线，一方面北上进据浙北苏南和江淮之间，另一方面向浙东扩展连接海港，也就是进入我们在《运河古道：繁华越千年》一书里讲述的京杭大运河和浙东运河交通网。苏州、扬州、宁波等地都成为徽商聚居之地，尤其是扬州成为徽商财富最为集中之地。近代名人陈去病曾感叹："扬州之盛，实徽商开之，扬盖徽商殖民地也。"

◆ 无徽不成镇

徽州本地的土著居民原先是山越人，后来中国历史上几次由政治动乱和战争引起的大规模北人南迁，如西晋末的永嘉之乱、唐末的黄巢起义、两宋之际的靖难之役，都为相对安全的徽州地区输送了大量的北方移民。到了明代，随着人口日增，徽州地狭人稠的矛盾越来越突出，人要吃饭，要生计，就必须在务农之外走出大山，向四方求食。"前世不修，生在徽州。十三四岁，往外一丢"的谚语，几乎就是旧时徽州人命中注定的人生轨迹。

不过，徽州山地虽不利种粮，却很适合木、竹、茶、桑、药等经济作物的生长，且品类繁多，产量丰富，超过了本地的消费需求。从徽州向山外眺望，它的东边是长江三角洲地区，那里自南宋以来商品经济得到长足发展，已成为全国经济的重心，而杭州是距离徽州最近的江南地区一线城市。之后，徽州以西长江中游的汉口、九江等商业城市也逐渐兴盛。

邻居们都是重要的消费市场，这就给徽州人带来了生路——把本地的山货土产运到长江中下游。除了上面提到的农产品，徽州还是重要的文房四宝产地，徽墨和歙砚更是久负盛名。长三角地区读书风气极为浓厚，因此对于徽州的文房四宝有很大的需求量；与此同时，商人们再将当地的粮食油盐等各类生活日用品运回徽州，赚取差价，便可谋利。这可以解释一个疑问——中国那么多山区，为什么只有徽州形成了如此成规模的商帮。

随着徽商的足迹遍布长三角以及更远的地方，开始有了"无徽不成镇"的夸张说法，意思是没有徽州商人的参与，一个地

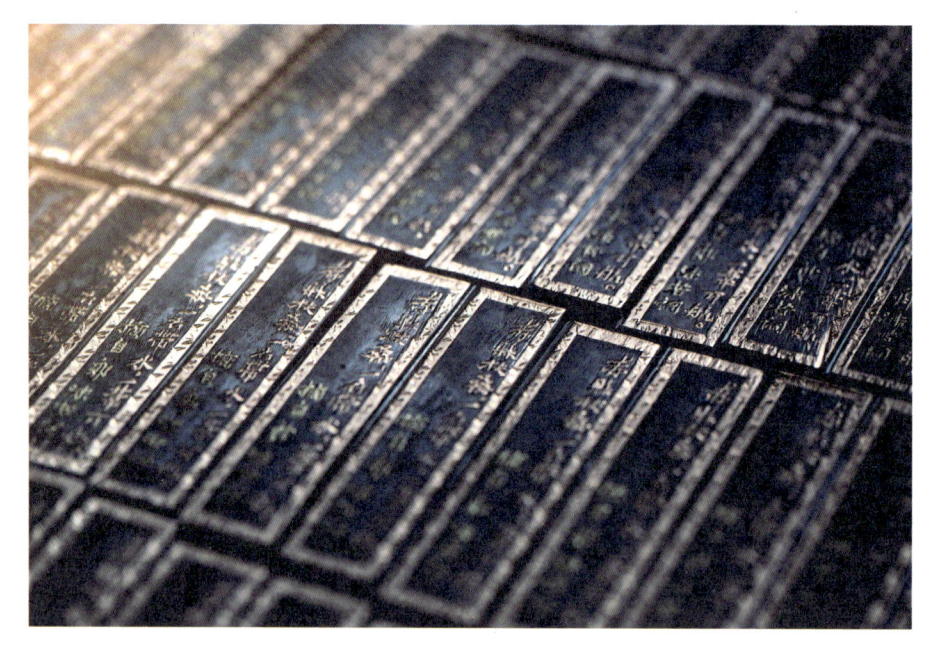

◇ 徽墨（视觉中国）

◇ 徽州村落
（视觉中国）

方都形成不了商业性市镇。徽商们的生意也越做越大，他们不仅经营徽州本土产品，更是直接在外地采购产品，也在外地进行销售。

　　有两个行业让徽商赚得盆满钵满，分别是典当业和盐业，前者主要为急需资金周转的商户服务，也就是开当铺，最大的市场显然就是经济发达的江南地区。后者则是因为中国历代由国家控制食盐的生产和销售，形成专卖。清代时政府委托特定的商人代表国家进行盐业的销售管理。当时全国最大的盐场之一在今天江苏省长江以北的黄海沿岸，被称为"两淮盐场"。

那里出产的海盐基本上都集中到扬州进行转运,造就了清代扬州的极度繁华。扬州城里的盐商,大多不是本地人,竟然有一半是徽州人。乾隆皇帝数次南巡到扬州,负责出钱接驾的基本都是徽商。这些产业推动徽商登上了明清中国第一商帮的位置。

随着徽商足迹广布,徽州的文化艺术和生活习惯也开始往外传播。比如徽菜之所以能成为八大菜系之一,就与此有关。一个有趣的例子是,我们都知道毛泽东诗词里有名句"才饮长沙水,又食武昌鱼",这是 1956 年毛泽东在武汉品尝了大中华

◇ 徽派建筑艺术景观(视觉中国)

酒楼厨师烹饪的鱼宴后写下的。而这家酒楼的经营者正是徽州人，厨师也来自徽州，从这个角度来讲，毛泽东吃的"武昌鱼"应该是一道徽菜。

正因为徽商太有钱了，太引人关注了，所以也被明清时的一些作家写进小说，成为巨富之家的代表。明代文学家、戏曲家冯梦龙在《杜十娘怒沉百宝箱》中写到的那个在扬子江上夺取十娘的公子哥儿孙富，祖上几代就是徽州盐商。此外，吴敬梓在《儒林外史》里也塑造了复杂而丰富的徽商群像。

◇ 新安江畔油菜花开（视觉中国）

钱江源
水从山间来

予甫骏雅怀不同於侈妆
藏之官者遂成為葉公之
好耳
乾隆御識

臣梁詩正奉

◆ 探寻钱江源

我们知道黑龙江省得名是因为省内有条黑龙江,那么浙江省得名,是不是省内有条江叫浙江呢?如果有,这条江在哪儿?

还真有!这条河流有三个人们耳熟能详的名字,上游叫新安江,中游称富春江,下游则叫钱塘江。也就是说,新安江、富春江和钱塘江这三条有名的江其实是一条江的不同段。我们的旅程就是在钱塘江水系里进行的。由于钱塘江江流曲折,古人便将其称为"折江""之江",又称"浙江",这就是浙江省名字的由来。

关于钱塘江的正源,经过多次勘察和研讨,目前在学术上认为它的正源是在安徽休宁县南部海拔810米的青芝埭尖,称为齐溪,这个地方几乎是在安徽、浙江、江西三省交界处。

钱江源头的水向南很快就进入浙江开化县境内,随后流经衢州、金华两个地级市境内;然后在杭州市下辖的建德市梅城镇接纳最大支流新安江,从这里开始被称为富春江;此后在杭州市萧山区闻堰镇接纳支流浦阳江后始称钱塘江,在杭州东北方向流入杭州湾。这么看起来,新安江是钱塘江的支流。

历史上很长一段时间,人们把新安江作为钱塘江的正源,这有几个原因。首先是新安江比较长,根据浙江省测绘与地理信息局的数据——钱塘江以北源新安江起算,河长588.73千米;以南源衢江上游马金溪起算,河长522.22千米。再加上徽杭两地关系密切,这条水路非常重要,给人留下深刻印象。所以

◇ 钱江源（视觉中国）

　　现在还有一种看法，即分别把发源于兰江及以上的钱塘江干流和新安江称为钱塘江的南源、北源。

　　有趣的是，无论南源还是北源，其实都发源于徽州，只不过一山之隔。水分走南北，经过几百千米的旅途，又都以丰满的身姿再度相遇。

明末天启、崇祯年间，徽商程春宇根据多年外出经商的亲身见闻，写成《天下路程图引》一书，收录了江南江北水陆线路100条，成为当时流行于世的诸多商旅指南中突出的一部。书中有一首《水程捷要歌》，记录了从徽州府城走新安江水路去往杭州的路线。在后面的讲述中，大家会发现，新安江航道并非坦途，而是典型的山区性河流，多险滩激流。

◆ 欲识金银气，须从黄白游

新安江也有两个源头，分别是率水和横江。正源是率水，但名气更大的是横江。横江发源于黟县五溪山脉的白顶山，在黟县境内大致是由北向南流，等流出黟县小盆地后，改为由西向东流，在休宁县境内很快就会从一座风景秀美的名山脚下流过。

明代戏剧家汤显祖有一首小诗，前两句说"欲识金银气，须从黄白游"。"金银气"就是有钱人，也就是说想结交真的有钱人，就要去"黄白"之地走一走。

这里的"黄白"，不是说黄金和白银，而是两座山。

当时最大的商人群体就是徽商，而"黄白"是黄山和齐云山的简称。因为齐云山古称"白岳"，它和部分位于古代徽州府境内的黄山常被并称为"黄白"，"黄白"也就成了徽州的代

◇ 齐云山
（视觉中国）

称。横江在休宁境内遇上的名山就是齐云山。

安徽南部多山，最有名的不用说大家也知道，是黄山，其次是四大佛教名山之一——地藏菩萨道场九华山，知名度排第三的就是齐云山。但齐云山的地质构造与黄山、九华山大不相同。黄山、九华山都是多奇峰怪石的花岗岩山体（皖南大部分山都是花岗岩）。齐云山距离它们不远，与黄山风景区的直线距离只有 30 千米，却属于丹霞地貌。虽然山体范围不大，高度也不到 600 米，却演绎出丰富的景观变化，孤峰、断崖、洞穴、飞瀑、流泉，甚至天生桥，应有尽有。齐云山本身就是因"一

◇ 齐云山登封桥（视觉中国）

石插天，与云并齐"的说法而得名。它立在横江边，看上去就是丹山碧水的一幅画。

除了拥有优美的自然风光，齐云山也是一座人文之山，与湖北武当山、四川青城山、江西龙虎山合称为"道教四大名山"。去九华山礼佛和来齐云山问道，都是皖南地区重要的宗教活动。

道教为齐云山留下了诸多遗存。如果我们沿着公路来访齐云山，我建议不必坐观光索道一步登山，而是像古人上山朝拜那样，下车后往南边走，跨过横江上的一座古桥"登封桥"后步行登山。

登封桥是徽州著名的古桥，也是一座10墩9孔的大型石拱桥，全长达162.9米，始建于明万历年间，后毁于山洪，现存建筑是清代重修的。登封桥是古时香客朝山的起点，也是欣赏齐云山全景的最佳位置，脚下是清澈平缓的横江水，稍远处是沿着横江南岸一字排开的齐云山群峰。

过桥以后开始登山，台阶路不算陡，一路上去要经过好几座亭子，然后再穿过一个两层楼阁"望仙台"，进入齐云山核心地段。一路景观非常丰富，用"移步换景"来形容也不为过。我觉得齐云山的人文景观和自然景观相得益彰，比如在真仙洞府和紫霄岩这两个巨大的崖壁之下都有数个深切的洞穴。一些宫观就是利用天然洞穴加工建成。齐云山重要宫观玉虚宫就建在紫霄岩下，外侧砌筑门墙，里面的殿堂就是洞穴。

月华街是山上的一条街市，道士与山上居民都住在这里，又是香客、游人住宿之地。齐云山最大的宫观玄天太素宫（1994

◇ 齐云山神仙洞府

年重建）就在街上，宫观正对一峰独立的香炉峰，是齐云山盛景所在。月华街上还有许多徽派民居，它们与宫观、院房组成一个密集建筑群。此外，齐云山还有一项珍贵的人文遗产，那就是遍布全山的碑碣题刻，让游人目不暇接。根据调查一共有537处（块），最早的有宋代的，最多的是明代的。玉虚宫旁的《紫霄宫玄帝碑铭》是唐伯虎的手笔。

◆ 两水交汇到屯溪

顺着横江往下走，过了齐云山，很快就到休宁县城，之后再有十多千米就到黄山市政府驻地屯溪区。在当地人称为"老大桥"的镇海桥下（令人感到非常遗憾的是，2020年7月7日，镇海桥被洪水冲垮，之后进行了修复），横江与另一条河——率水汇合，从这里开始被称为"渐江"，也有人直接称之为"新安江"。

说到这儿，我得来梳理一下几个地理概念，有点复杂。20世纪80年代，为了全力打造黄山旅游，提高知名度，并对整个黄山景区山上、山下进行统一管理，政府将徽州地区撤销，设立地级黄山市，整个黄山景区属于黄山市下辖的黄山区管辖。把绩溪划给了宣城，黄山市还下辖有屯溪区和徽州区。这样黄山市行政区划就以三区四县的形式固定下来。

另一方面，从北宋到清末，徽州府府治都在歙县，800多年都是徽州首县。这样的地位持续到民国早期。今天大家去歙

◇ 屯溪老街
（视觉中国）

县旅游，可以看到当地旅游宣传说这里是"徽州古城"。屯溪一直是休宁县下辖的一个镇。

那么，屯溪为什么能从一个镇变成一个地级行政区的中心呢？这是因为屯溪两水交汇得天独厚，群山之间得水运之优势，屯溪很自然地成为皖南山区重要的物资集散地。在明代，这里已经是全国范围内叫得响的茶市，到了民国时期发展成为徽州的中心城市，从此取代了歙县的地位。

1934年，著名作家、学者郁达夫、潘光旦、林语堂等人曾一同到访屯溪。郁达夫写了一篇游记《屯溪夜泊记》，开头也很清楚地交代了屯溪兴起的原委：

> 屯溪是安徽休宁县属的一个市镇，虽然居民不多——人口大约最多也不过一二万——工厂也没有，物产也并不丰富，但因为地处在婺源、祁门、黟县、休宁等县的众水汇聚之乡，下流成新安江，从前陆路交通不便的时候，徽州府西北几县的物产，全要从这屯溪出去，所以这个小镇居然也成了一个皖南的大码头，所以它也就有了小上海的别名。

小上海和上海当然还是差距巨大，但屯溪的商业也有自己的特色，今天要欣赏这种特色，最值得一看的便是屯溪老街。这条街西头连着屯溪老大桥，从西往东发展延伸，明清时期就被称为"屯溪街"。

目前看到的老街其实是个历史街区，南边不远是浙江。东西向的老街全长1200多米，石板铺地，又有几条小街和十几条小巷与之交会。这些小街小巷都通向渐江。

如果看航拍图和卫星图的话,那一大片都是灰色瓦片屋顶,还能看到高耸的白色马头墙,这些都是典型的徽派建筑。不过与最具代表性的民居不同的是,这些商业建筑都是正立面开敞的两层小楼。过去老街上既卖本地的商品,也有很多从外地贩运过来的百货,以满足徽州人的生活,当然也有客栈和饭店。

郁达夫他们当年是临时到屯溪的,发现客栈住满了,没有办法,托关系弄到一条船,晚上就睡在船上,所以那篇文章题目叫《屯溪夜泊记》。今天走在老街上,能看到这些商铺大多销售的还是黄山本地的特产,如茶叶、文房四宝、各种手工雕刻品,当然你也可以在这饱餐一顿徽菜。

这里可以多说一句,不知道大家会不会把徽菜等同于安徽菜,这可是个常见的误解。安徽是个东西南北差异都很大的省份,各地都有自己的菜品。

徽菜就是徽州菜,以就地取材、以鲜制胜、重油重色重火功为特色,尤讲时令,代表性的菜品有火腿炖甲鱼、清蒸石鸡、一品锅、冬笋炒冬菇等。虽然徽州北上就是我的家乡宣城,但两地吃法就很不一样。说到徽文化、徽商、徽菜、徽派建筑等,指的都是徽州地区,而不能扩大到整个安徽。

渐江
桃花古坝访雄村

渐江离开屯溪往东北方向流，因为受两岸山岭的限制，开始不断转弯。在篁墩村转过第一个弯后，河道的右侧有花山谜窟景区，是古人开凿的规模宏大的地下洞窟群，但是历史上无任何文字记载，留下了诸多谜团，让人想起浙江的龙游石窟。

渐江再往下流，河道左岸出现一个大村落。如果是春天来的话，就能看见沿着江边堤岸满是桃花，如同联袂的红云。当地就把这里称作"桃花坝"。掩藏在桃花之后的这个古老的村子，叫作"雄村"。

这番景象，让我想起清代徽州盐商程庭在《春帆纪程》中的记录：

> 徽俗，士夫巨室，多处于乡，每一村落，聚族而居，不杂他姓。……乡村如星列棋布，凡五里十里，遥见粉墙矗矗，鸳瓦鳞鳞，棹楔峥嵘，鸱吻耸拔，宛如城郭，殊足观也。

就像这段话所描述的，我们今天走在徽州乡下，还能看到许多保留传统风貌的村落。给人最直观的印象就是青山碧水之间一大片粉墙黛瓦的建筑，这是因为徽州村落大多在起建初期就有总体规划，选址多是背山面水，考虑当地的山形水势，因势利导，以一定的原则构建良好的生态小环境。建筑类型主要包括祠堂、民宅和牌坊三大类，被誉为"徽派建筑三绝"。

徽州村落布局以宗祠为中心，大的村子除了总祠外，还有支祠，徽州村落多是聚族而居，往往一个村就是一个姓。有句话说"相逢哪用问姓名，但问高居何处村"，意思是在徽州，陌生人之间相遇，不用问姓名，只要知道对方住哪个村子就能猜到姓什么，属于哪个祠堂。宗祠就是整个家族的精神纽带。

徽商即便在最为强势的年代，在外面挣到了大钱后，也还是很热衷在故乡大兴土木，光宗耀祖。返回徽州老家的人也大多愿意选择在自己家族所在的村子里生活，这一方面反映了徽州人故土乡情之重，另一方面也说明输入的财富并未有效促进徽州本地经济的发展。

拥簇着祠堂的是各家各户的住宅，是典型的砖木结构天井院。徽派民居一般只有黑白两色，屋顶是黑瓦，砖砌的外墙

◇ 桃花坝（视觉中国）

表面涂抹白石灰，在青山绿水之间显得十分典雅。"粉墙黛瓦"就成为徽派民居的代名词。

这些民居的四面墙体看起来十分高大，正面大门上方会有精美的砖雕门楼，但一般不开窗，采光来源于天井，同时具有通风、排水等功能。徽派民居最具特色的设计大概是顺着屋顶呈阶梯状的山墙，被称为"马头墙"。由于高于房顶，马头墙一方面具有防盗功能，另一方面也能防止邻家失火殃及自家。

随着徽商的足迹广布，徽派民居的一些建筑元素也出现在苏杭等地，我们今天在这些城市往往也能看到具有浓郁徽派风格的马头墙。

◆ "父子尚书"曹家大族

宏村与西递两个徽州村落被列入"世界文化遗产"，前者为汪姓所居，后者多姓胡。而雄村则是曹氏聚居地，这个曹家在清代曾经盛极一时。

曹家是典型的徽商家庭，从康熙时代起就经营盐业。清代中前期徽州的产业中，最能积聚财富的就是控制盐业贸易，由商入仕是徽商家族最普遍的发展方式，一旦赚到了大把雪花银，除了希望滚雪球式继续积累外，一定会致力于培养晚辈读书，以博取功名。

出自雄村的曹景宸便是扬州的大盐商，曹景宸的兄弟是生员，而他自己是个全职商人，正如他自己所说"一儒一买，自

◇ 雄村"四世一品"坊

当分任其责"。

曹景宸为自己的儿子做了明确的分工,长子继续他的事业在扬州从事盐业,次子在徽州老家管理家计产业,而让小儿子曹文埴专心读书。曹文埴不负父望,乾隆二十五年(1760年)考中二甲第一名进士,时年25岁,以后多年一帆风顺,一直做到户部尚书。

乾隆三十八年(1773年),乾隆开设四库全书馆,任命曹文埴为《四库全书》总裁官之一。他虽位居高位,但依然延续了其父的做法,派大儿子至扬州跟着堂兄弟学盐业经营,而把小儿子曹振镛留在身边着力往仕途培养。

作为乾隆身边的重臣,曹文埴深受宠信,加之皇帝几下江南,扬州的徽商在其间承办差务,出力不少。由于这些功绩,他的父祖三代也跟着沾光,统统追封一品。虽然一品头衔都是虚衔,但在那个年代是无与伦比的荣耀,一人的努力使全家得到了恩赐，也让周边的徽州大族对雄村曹氏刮目相看，曹家达到了家族史上的第一个高峰。

这份殊荣的物化形式，就是立在曹氏宗祠大门口的"四世一品坊"，四柱冲天，三间三楼，这是徽州牌坊的典型样式。这座牌坊高达8米，雕刻简朴，没有太多的图案，三楼额枋上刻有"四世一品"。在牌坊的性质分类里，"四世一品"属于功名坊，是乾隆年间为褒奖曹文埴及祖上三代而敕建。

曹文埴的儿子曹振镛，于清乾隆四十六年（1781年）中进士，历乾隆、嘉庆、道光三朝，仕途通达，嘉庆末年至道光年间任军机大臣达14年之久。道光十五年（1835年）曹振镛去世时，道光帝亲临吊丧。曹振镛官运之亨通已超其父，成为一代名臣，更是雄村曹氏家族史上首屈一指的人物。如果"四世一品"坊再晚立一些年，那就该改成"五世一品"，这恐怕会是历史上绝无仅有的一例。

◆ 人才辈出 竹山书院

曹文埴的金榜题名，与雄村本身的读书环境关系密切。我两次到雄村，重点参观的竹山书院就是曹氏族人的讲学之所。它就在桃花坝边上，是曹景宸兄弟主持修建，于清乾隆二十年至二十四年（1755—1759年）建成，落成年代比"四世一品"牌坊要早。明清徽州一府六县共建书院55所，可如今留存下来的寥寥无几，如竹山书院般完整者仅此一例。

竹山书院规模不小，是一组合院式建筑。它的兴建正值徽州造园活动的鼎盛期。徽派园林的理念和技法，成就了书院的园林部分，这正是整个竹山书院的精华所在。园中的建筑布局相对疏朗，彼此之间以曲廊相连，又以漏窗丰富了景观的层次。空隙之处皆布置山石花草一类的小品，不留空白，使得园林虽小却曲折多姿。园子的南北西三面，环以建筑，东面因为临水面山，独具匠心地进行了开敞式的处理，仅以一道矮墙稍作内外分隔。坐在园中，江上的风帆，山中的梵寺，皆入眼帘，此番借景正是徽州园林身处远郊而得野趣的妙处所在，是苏州城里的那些园林无法觅得的景致。我记得一起去的朋友不住地称

◇ 竹山书院（视觉中国）

赞：真是个读书的好地方。

　　清旷轩是园林部分的主体建筑，一进这个小院就能看到。轩前平台下不大的庭院里满是桂花树，这些树不是为了装点庭院而随意植下的，而是代表了雄村曹氏的一条族规：族人中凡中举者，可在此种一株桂树，有"蟾宫折桂"之意。于是曹家人才辈出的辉煌历史，通过这种典雅的褒奖方式，于一片葱茏之中给人直观的印象。

　　竹山书院建成后，不断延请名士来此讲学，像沈德潜、袁枚、金榜、邓石如这样的大学者都曾在书院执掌教鞭。曹氏子弟正如清旷轩前众多的桂花树一样彬彬济济。

◇ 竹山书院清旷轩

练江
溯江而上到渔梁

世传富春山居图为黄子久

渐江过了雄村再往下流,很快到了一个河口,地名叫作"浦口",渐江在这里接纳了另一条河流——练江,始称"新安江"。

让我们暂时转一下船头,溯练江而上,去看看一处著名的水利工程,去了解它的出现对于徽州的历史发展,对于徽州人的出山之路,产生过什么样的影响。

练江是新安江的最大支流,它流经过去的徽州府治歙县。在练江汇入新安江之前,或者说在练江的尾巴上,人们建起了一座宏伟的大坝——渔梁坝。放眼整个新安江上游,渔梁坝是规模最大的古代拦水坝。

渔梁坝的前身要追溯到隋唐时期。

◇ 渔梁坝(视觉中国)

隋末天下群雄割据之时，占据徽州的汪华将歙州州治迁到乌聊山下，即今歙县县城所在地。但是城下练水湍急陡泻，水涨之时城池难保，水浅之时城内井干，成了一大祸患。唐代人在江上垒石为梁，用以缓流蓄水，这就是渔梁坝的肇始。此后，水坝屡毁屡建，至明弘治十八年（1505年）徽州府尹彭泽督工重修，以后明清历朝多次维修，使得石坝至今无恙。我们今天看到的渔梁坝定型于明代。

渔梁坝的体量有多大呢？长达138米，底宽27米，顶宽6米，斜面长度50米，高差4米，大坝全部用一两吨重的大块花岗岩层层垒筑，石块之间用燕尾石榫卯连接，上下层石块

◇ 渔梁坝体

也用竖石穿插其间，所以每块石头都上下左右锁死，非常牢固。在坝的中段和南段，开有三道泄水门，从北向南渐次低落。

我第一次去的时候是盛夏。去之前的几天连续下雨，水势很急，练江水翻越整个坝体滚滚而下，在坝下乱石上击出万千浪花，是一幅势如万马奔腾、声如巨雷翻滚的壮观景象。

渔梁坝的功能是防洪和蓄水，它虽有坚不可摧的模样，却不是傲然站立的伟岸姿态，甚至谈不上有什么美感，而是横躺下来，让人能在岸上俯看，也能下到石坝上休息玩耍。在那个七月的黄昏里，我看到有人正坐在石块上聊天，脱下凉鞋将脚放到流水里，还有孩子在坝下水势平缓的地方嬉戏游泳。

◆ 渔梁坝下故事多

徽州曾经有首流传很广的《路程歌》，又名《水程捷要歌》，唱的是从徽州到杭州，六百里（300 千米）水程上的段落，起始第一句是"一自渔梁坝，百里至街口"。徽州人出外经商，大多是走新安江水路，将渔梁作为起点，是顺理成章的事。这儿距县城南门不到 1000 米，抬脚便到。渔梁坝筑成后，船只不能通过，货物必须在此转运，而坝下的一片水域成为理想的泊船之处。就在大坝的跟前修起很多的石埠头，一级级台阶往上，通向曾经繁华的渔梁老街。

徽州人多管渔梁叫"梁下"。歙县和周边的特产，如茶叶、竹木、墨砚等，在梁下捆扎上船，穿过前方的紫阳桥，下经浦口入新安江，经过歙东山区下到淳安进入浙江境，一路下富春江、钱塘江，可达杭州，再通过运河等航道去往江南各地。同时，徽州需要的布匹、食盐等百货又从杭州等地装载，逆水而上运抵梁下。这一来一往的贸易，大大刺激了渔梁的发展，形成了一个商业性的集镇，到今天传统面貌仍保存完好。

渔梁过去的居民，多是渔民、船夫、码头工和普通商家，几乎没有什么巨商大贾，也没什么官宦之家，徽州乡下"一门三进士""同胞两翰林"比比皆是，而渔梁是个平民社会。因而，那些徽州建筑的华彩乐章，如高耸的牌坊、幽深的大宅，在渔梁几乎不见，除了和店铺结合的住家外，此地的民居多集中在南北巷子里，规模一般不大。

复旦大学王振忠老师在《两地书》一文中，曾提到徽州文书中发现过一封信函，是一位守在徽州老家照看公婆儿女的商人妇，写给离家丈夫的两地书。信中絮絮叨叨说了许多家里的事，由此可见徽州女人持家之辛劳。在说完家长里短后，妇人便催促丈夫早日还乡，"叫船须当赶快，不可沿途搭人，富阳、桐芦（庐）经过，七里龙（泷）也要小心，到了严州加纤，水路更要赶行，船上出恭仔细，夜间火烛小心，路上冷物少吃，尤恐吃了坏人"。她不仅为丈夫规划了逆新安江而上的行程，还特别提醒沿途注意事项：船要走得快，就不能搭载旁人；过了严州府，水浅滩多，记得要雇纤夫；船上上厕所要当心，晚上用火烛要当心；不要贪嘴吃冷食，当心吃坏了肚子。

最后写道"平安到了梁下，千万不可步行，雇轿抬到家里，铺盖交与足人。"那意思是到了渔梁坝,你就别耽搁,赶紧上岸雇顶轿子,赶紧回家,行李别担心,交给过塘行的伙计随后送来。

字里行间,仿佛让我们看到这位妇人灯下提笔疾书的样子,而这是渔梁坝见证过的无数个家常故事中的一则。

在我看来,渔梁坝是徽州气质的底色。当过往的繁华落尽,后人只能在雕梁画栋间寻找徽商的逸事传说,那些祠堂、牌坊,都已是没有了呼吸的空架子。渔梁坝依然不改初衷,履行着千年不变的职责,默默滋养一方,诠释着生生不息的意义,就像母亲。一切大喜大悲都在它的面前柔化,挟带了无数故事的练江水在她的身上顽皮地翻过跟头,便安静地流入新安江,然后默不作声地流向大海。

◆汪王的生日,徽州的节日

徽州传统村落多是一村一姓。如果数一下,你会发现汪姓出现的频率最高。有人统计,自宋至今,汪氏比较集中的村镇有近80个,绩溪的余川、汪村,歙县的西溪(已并入郑村)、瞻淇,休宁的旌城、溪口、石田,黟县的关麓,婺源的大畈、晓起,还有之前提到的世界遗产地宏村,都是汪氏名村。实际上,汪姓正是徽州大姓。

汪氏的强盛,和一位重要的历史人物有关,这就是隋末唐初的汪华。

他的家乡在今天绩溪县境内。在天下大乱之际，汪华为保境安民，起兵统领了徽州及周边广大地区，自称吴王，使得战火纷飞之中，徽州成为一方安宁祥和的小天地。唐王朝建立以后，汪华审时度势，放弃王位，主动率土归唐，使得江南百姓能继续过上安居乐业的生活。汪华因此功被唐高祖李渊封为越国公。

◇ 抬汪公

在历代政府和徽州百姓的心目中，汪华是勤政安民的典范，人们逐渐把他尊奉为地方神，拜为"汪公大帝"。当年在徽州和江南各地，到处都有祭祀汪公的祠庙。据说汪华有九个儿子，其后裔分布最广，古人便有"黟歙之人，十姓九汪，皆华之后"之说，言及人口之众。此后亦有从他处迁入徽州的汪姓。久而久之，对汪华的尊敬，不仅是徽州汪氏的荣耀，也是徽州社会重要的地方信仰。

如今每年春节，在徽州多个地方有"抬汪公"的习俗。

我曾经在几年前有幸观摩过绩溪余川村的"抬汪公"活动，全村男女老少都参与其中。一大早，在锣鼓声和鞭炮声中，汪公神像被村民们抬出，整个队伍规模盛大，不仅有举牌子的、扛旗子的，还有骑旱船的、舞龙舞狮的。大家载歌载舞，走走停停，在村中街巷穿梭，路过每户人家的门口都要停一停，接受主人家的躬迎朝拜，同时主人家也会得到汪王的赐福。活动结束后，全村男女老幼会聚一堂，进行难得的大聚餐。我们这些外来的客人也被邀请坐下来，一起品尝徽州名菜"一品锅"。

汪公的生日，就这样成为徽州一个盛大的节日。

新安江
山水画廊好风光

让我们像古时那些下定决心走出大山、出门闯荡世界的徽州人一样，在歙县城南的渔梁坝下上船，让练江水把我们送到几千米外的浦口，在那里进入新安江的航程。

◆ 三百六十滩，新安在天上

新安江在练江汇入的浦口以下，一直到浙江淳安的千岛湖（新安江水库），地形水位上有显著的特点，那就是进入峡谷地段。

复杂的地形给水上的航程增加了不少困难，过去从屯溪到浙江新安江水库坝址所在的铜官峡，一共170千米的水路，天然落差达100米，而且滩多流急。走过这条线的清代人有诗云"一滩复一滩，一滩高十丈，三百六十滩，新安在天上"；如果从浙江那边来徽州，要逆水行舟更是艰险。新安江水库建成前，屯溪以下枯水期只能航行5吨的木船。

路难行，但景好看，两岸山高林密，河道蜿蜒多姿，造就了歙县境内新安江的美丽风光。当地以新安江上的重要码头深渡镇为中心，打造了一个很有特色的"新安江山水画廊"景区，方式就是坐船游览。

这是自然风光和人文历史完美结合的一段旅程，一个个古村落就散布在岸边台地上，移船换景，就像进入一幅流动的山水画中，让人想起李白的诗句"人行明镜中，鸟度屏风里"。我觉得徽州的色彩搭配十分巧妙和谐，徽派民居那种粉墙黛瓦，点缀在绿水青山之间,既鲜明,又不张扬,既优雅,又不做作,让人仿佛忘了时间的流逝,只想留住这一份美好。

　　这条山水画廊,如果你是在三月下旬四月上旬来,还能见到另一种迷人的色彩,那就是沿着江岸盛开的油菜花,一片金黄。如果是初夏季节来,又能看到枝头挂满了当地一种的水果:三潭枇杷。所谓三潭是三个地名,是村子的名字,分别叫"瀹(yuè)潭""漳潭""绵潭"。"潭"就是对当地新安江地形的描绘,

◇ 新安江(视觉中国)

水中的深渊就是潭，也就是湍急的河水冲刷江滩形成的深坑，也可以理解成群山环抱中大面积的深水潭。

　　新安江航道过去的特点，就是多浅滩、多深潭。新安江流域有许多以"潭"命名的村子，瀹潭、漳潭和绵潭是分布在深渡镇以西新安江沿岸的三个村子。说到这大家就不难猜想，这三个村子都是以出产枇杷而出名。按照文献的记载，这里至少从宋代开始就已经种植枇杷了。江边山坡低缓，常年有云雾缭绕，温度、湿度和土质都适宜枇杷生长。三潭枇杷是中国枇杷中的名品——我曾经不止一次吃过，印象很深——是那种长得滚圆的，果实大，果肉厚，咬起来香甜爽口，细嫩多汁。歙县是和江苏苏州太湖东西山、浙江杭州塘栖、浙江黄岩、福建莆田、四川仁寿齐名的枇杷之乡。

◆ 碧波浩瀚千岛湖

从深渡镇往下，新安江折向往东南流，我们会感觉到水面逐渐开阔。这是1957年破土动工，1959年9月建成蓄水的新安江水库库区的回水效应，每到丰水期尤其明显。

新安江在街口镇进入浙江淳安县境内，从这里开始也称新安江下游，往下接纳的各条支流齐汇新安江水库中心库区，所以形成了树枝状态的水系。整个水库长达150千米，水库的水域宽度增至10千米左右，可以说是一片碧波浩瀚。

新安江水电站是中华人民共和国成立后建成的第一座大型水电站，坝前水位约108米。这么大的一个水库，当时淹没了60个乡镇、1500多个自然村。库区中部原为长约45千米、

◇ 千岛湖（视觉中国）

宽约 8 千米的淳安盆地，如今全部淹没在水库之下，一座座山头成了湖中的小岛，从空中俯瞰尤为壮观，这就是现在的千岛湖。

原淳安县城贺城和原遂安县城狮城这两座县城也都没入水中，当时前后共安置移民 32 万人。除少数移民就近安置外，大部分移民前往浙江、安徽其他县，也有小部分迁往江西。可以说，新安江水库移民为了国家、为了新安江上下游的长治久安和社会发展，付出了舍弃家园的巨大牺牲。

水库建成以来，在发电、防洪、航运、渔业、旅游等多个方面发挥的作用是有目共睹的。新安江中下游河道水文规律也发生了很大的改变，弯曲狭窄的河道成为广阔的湖面，湍急的溪流变成了平静的湖水。

富春江
人文荟萃名人多

新安江水库大坝建在建德市境内，从这里往下流，新安江在梅城镇与从浙江西南部北流而来的兰江汇合，始称"富春江"。富春江先后流过桐庐和富阳两地，全长110千米，在杭州南郊的浦阳江口接纳浦阳江。

富春江两岸群山秀美，江水清澈，南朝梁代的吴均在著名的小品文《与朱元思书》一开头就说："风烟俱净，天山共色。从流飘荡，任意东西。自富阳至桐庐一百许里，奇山异水，天下独绝。"

◆ 传奇名画《富春山居图》

说到富春江的美景，除了诗文，你一定还能想起一幅名画，这就是中国绘画史上的旷世名作《富春山居图》，正是它使得富春江名扬天下。

《富春山居图》的作者黄公望是元代著名的山水画家。他本名叫陆坚，江苏常熟人，后来被浙江永嘉黄氏收为义子，这才改姓更名。黄公望曾经做过官，但后来因事下牢狱，从此人生道路发生了改变。他出狱后加入全真教，过上了云游江南的生活，此后长期隐居在富春山，得以近距离、长时间观察这一带各个季节里不同的山水风光。黄公望一定是为富春山水所倾倒，也一定在山水之间聆听到了内心的澎湃，所以才积毕生功力，花费数年时间，创作了《富春山居图》这幅纸本水墨长卷。此画以富春江两岸景观为蓝本，以较为淡雅的笔墨，简约流畅的线条，勾绘出一派水旷、山远、林幽的初秋景色，让人充分感受到中国山水画通过描绘自然以表达胸臆的精妙境界。《富春山居图》所创造的平淡天真的神韵，对此后的明清山水画产生了极大影响。

黄公望去世以后，《富春山居图》的命运颇为坎坷，几经

◇ 《富春山居图》

易手，还曾遭火烧，只留下了两段残卷。前半卷《剩山图》现收藏于浙江省博物馆，后半卷《无用师卷》现藏台北故宫博物院，两卷图隔海相望。

◆ 严子陵垂钓富春江

富春江从梅城镇开始很快就流入七里泷峡谷，从这里一直到桐庐市富春江水电站大坝（建于1968年）。这是全长24千米的富春江水库库区，是富春江景色最为精华的一段，一江碧水就像绸缎一样在连绵的山岭中蜿蜒。

在峡谷左岸快到大坝的地方，有著名的严子陵钓台。这是一处名人纪念地。刘秀建立东汉政权后，为了招揽人才，曾经再三派人拿着厚礼，去邀请名士严子陵出来做官，然而被他一再拒绝。严子陵选择来到富春江畔隐居——看来富春江真是隐居的好地方！隐居，每天无非就是耕田、钓鱼、读书，在青山绿水间优游。

汉代以来，严子陵甘愿贫苦、淡泊名利的品质成为中国文化中特别推崇的一种精神传统，一直为后世所景仰。人们开始在传说和文献的指引下，寻访严子陵隐居生活的地方，正所谓"江山留胜迹，我辈复登临"。而这个地点的真实与否，反而变得不那么重要，因为后人需要的，只是一个空间环境大体恰当的场域，去凭吊先哲和寄托自己的情感。

严子陵钓台便是后世指认的钓鱼之处。钓台是天然景观，

◇ 富春江严子陵钓鱼台（视觉中国）

分为东西两处，均为高约 70 米半山上突出的磐石，相距 80 余米，雄峙在富春江畔，从江上望去，十分壮观。今天的钓台是一个不断被扩建的景区，包括严先生祠、石坊、碑园在内，成为一组纪念性建筑群。

◆ 富阳名人郁达夫

富春江流经富阳城区时，再次与一座文化名山相遇。这座山虽然不高，海拔只有 42.9 米，但因为岩壁突兀，山势就像俯身饮水的鹳鸟，站在山上朝南俯瞰江边，伸入江中的石矶就是鹳鸟的脖子，满山郁郁葱葱的树林可以看作鹳鸟的羽毛，所以被称为"鹳山"。江南地区文化昌盛，即便原本不起眼的小山小水也早被历代文人登临探访，为其写诗赋文，增添了浓厚

的文化气息。

鹳山就在富阳城边，自然很早便得到开发，今天山上临江一侧的平台上矗立着始建于清同治年间，用以观景的"春江第一楼"。现存楼阁是1964年改建的，结构精巧雅致，与周边山水尺度十分协调，成为富春江上又一处名胜。

我很敬佩的民国著名作家郁达夫就是富阳人，之前介绍屯溪的时候，曾经提到他有一篇《屯溪夜泊记》。我从初中开始读他的文字，最开始读的是小说，在青春年少时阅读他那些关于自我内心的直白剖析，曾受到很大的震动。后来开始接触郁达夫的游记，那一篇篇在文言文和白话文表达之间取得完美平衡的旅行文字，如流水行云，如水墨画卷，不仅有对旅途风景的细致描绘，更能恰到好处地展露主观情感，让人回味无穷。

◇ 富春江（视觉中国）

他的游记曾经对我的写作影响很大，他的文字间打上了家乡的印记，我也经常能从中感受到江南独特的风土人情。

郁达夫于1896年出生于知识分子家庭，但很小的时候父亲就去世了，家境变得窘迫。郁达夫先后就读于家乡的私塾和县立高等小学，后到杭州读中学，1913年随兄长郁曼陀东渡日本，开启了10年留日学习的岁月。在此期间，他开始从事文学创作，并参与组织中国现代文学史上的重要文学团体——创造社。1922年，郁达夫回国后，在参与政治和教育活动的同时，发表了大量文学作品。1938年，应新加坡《星洲日报》邀请，郁达夫前往新加坡参加抗日宣传工作。太平洋战争爆发后，日军于1942年初占领新加坡，郁达夫不幸被捕。1945年被日军在苏门答腊杀害。因此，郁达夫不仅是现代著名作家，更是一位积极投身抗战、为国捐躯的抗战英烈。

家乡人民没有忘记他。今天富阳城内保留有郁达夫的故居，鹳山上还有一座"松筠别墅"，这是上文提到的郁达夫的哥哥，后来成为法官的郁曼陀为奉养母亲所建。1939年，郁曼陀在上海被汪伪特务暗杀。1980年，为纪念郁达夫、郁曼陀两位爱国志士，富阳县政府在松筠别墅边建起了一座"双烈亭"。

钱塘江
一路美景到杭州

◇ 浙江大学之江校区，左上方可见六和塔，右侧可见钱塘江大桥。（视觉中国）

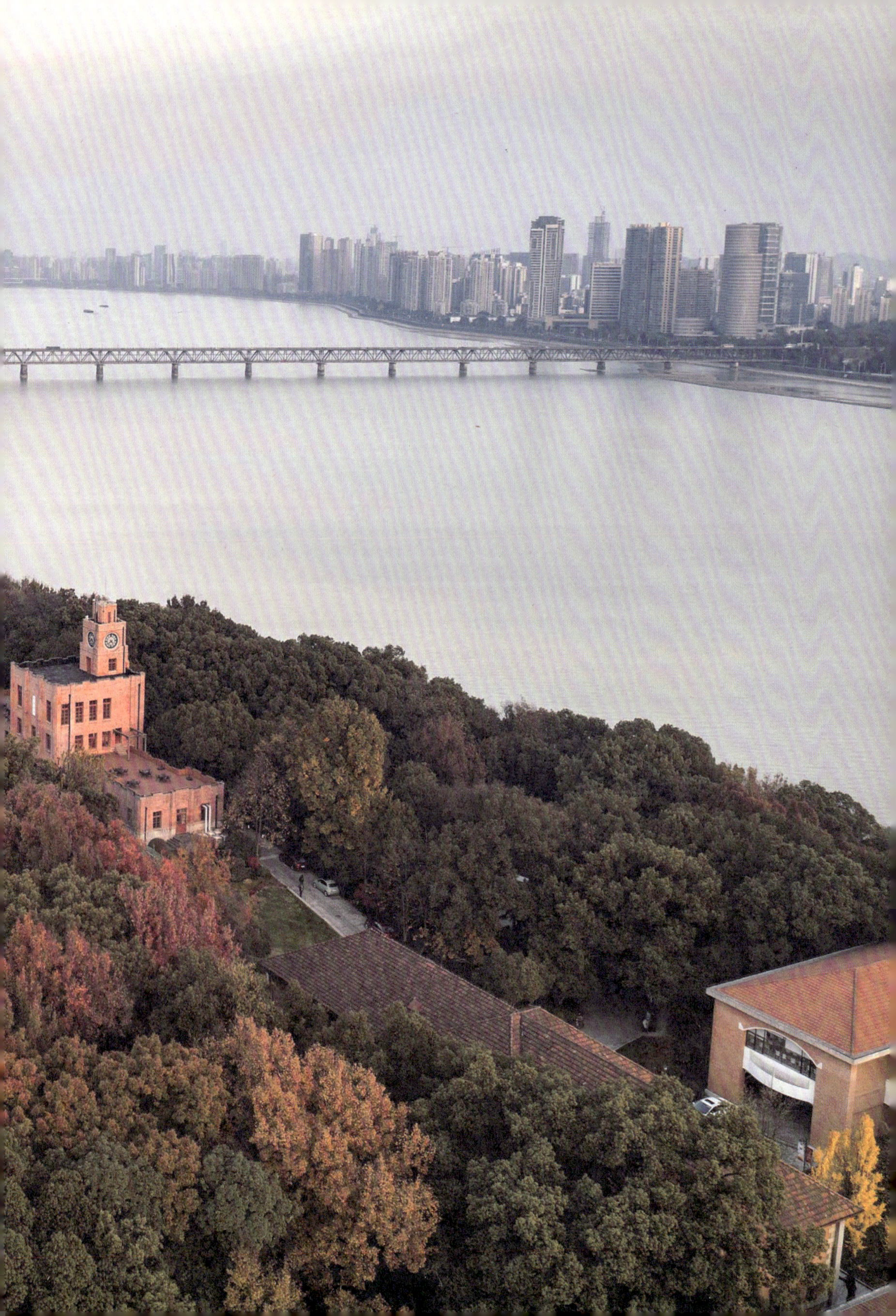

富春江在杭州南郊接纳从南边流来的浦阳江后，改称"钱塘江"，我们也就来到本次旅途的最后一程。这个地点现在有一座袁浦大桥，是 G2504 杭州绕城高速公路上的一段。我有一次从绍兴去杭州的转塘，就是从这座大桥上过，看到过两江交汇的景色。

从这里开始，钱塘江先是折向西北，又折向东北，河道弯曲，加上西湖为一点，就像"之"字，所以钱塘江在古代被称为"之江"。民国时期在杭州江边依山而建的之江大学（现为浙江大学之江校区）名字就是这么来的。

沿着钱塘江到杭州城，沿途有不少名胜，在之江大学旧址东北不远的月轮山上，坐落着中国最著名的古塔之一——六和塔，它是五代时期吴越国王钱俶（chù）为了镇江潮而建的。

◇ 六和塔（视觉中国）

◇ 之江大学旧址（今浙江大学之江校区）

现在看到的基本建构是南宋所建，内部七层砖砌塔身，而外部十三层木檐则是清代改造加建的结果。这座八角形古塔，高近60米，体量巨大，非常醒目。过去钱塘江江面远比今日宽阔，在六和塔这里就能观看汹涌的大潮。

《水浒传》主角之一花和尚鲁智深在征讨方腊后，不愿接受北宋朝廷的封赏，就在杭州六和寺出家。小说作者施耐庵为鲁智深设计了这样的人生结局：八月十五中秋之夜，鲁智深在六和寺中听到寺外钱塘江潮声轰鸣，如千军万马杀奔而来，寺僧告诉他那是潮信。鲁智深突然忆起当初在五台山时，师父智真送给他的偈语，后两句正是"听潮而圆，闻信而寂"。他知道自己走到了人生终点，于是沐浴更衣，写下颂语，盘腿打坐，安然圆寂。

今天登上六和塔，虽然很难再看到明显的潮头，但时光流转，眼前增加了新的景观。向下方俯瞰，钱塘江上横架着一座公铁两用的大桥。这座由桥梁专家茅以升设计并主持建造、于1937年建成的钱塘江大桥，也是中国自行设计、建造的第一座公铁双层两用桥，从此天堑变通途。直到今天，它依然是连接杭嘉湖平原与浙江腹地的要道。只不过，在杭州城区短短几千米的江面，如今已建起多座大桥和跨江隧道，两岸的交通越来越便利。

过了钱塘江大桥再往前走一点，江岸上又有一座吴越国时期建的塔，不过造型、体量与六和塔大不一样。它是一座小型的仿木构楼阁式石塔，高十多米，全部用白石分段雕凿而成，被称作"闸口白塔"。这座塔虽然不高，但挺拔秀气，富有江南特色，在当时兴建的一批石塔中具有代表性。

以上提到的之江大学旧址、六和塔、钱塘江大桥和闸口白塔都是全国重点文物保护单位，它们集中在短短1.5千米长的钱塘江左岸，如此高密度的名胜古迹分布放在全国也是名列前茅的。我们还没进杭州城呢，就体会到什么是"东南形胜，三吴都会，钱塘自古繁华"。

从这里往下，钱塘江河道逐渐开阔，流向喇叭口形的杭州湾。

前方杭州城区在望,过去徽商的船走到这里就要拐向杭州。

船进杭州城后，然后通过城里的水网出北边的武林门水门，与京杭大运河连在一起，这样就与整个长三角地区甚至与大半个中国连在了一起。

◆ 一代巨商胡雪岩

明清时代徽商的到来，对杭州的发展作出了贡献。在杭州城内重要水道中河边，有一处带有花园的古代民居建筑。这也是杭州城中现存规模最大的古代民居，这座巨型豪宅当年的主人是那位极具传奇色彩的徽商——"红顶商人"胡雪岩，杭州就是他经商的大本营。

胡雪岩的老家在徽州绩溪湖里村。他自幼家境贫寒，很小就在杭州的钱庄学徒。随着年岁和阅历的增长，胡雪岩逐渐积累了一定的资本，开始自己做起生意。除了开钱庄，他还涉足粮食、丝绸、医药多个行业。

胡雪岩的人生转折发生在太平天国战争期间。清同治元年（1862年），胡雪岩获得新任闽浙总督左宗棠的信任，主持击退太平军后的杭州善后事宜及浙江全省的钱粮和军饷。胡雪岩由此以亦官亦商的身份往来各地，并且在宁波、上海等通商口岸与洋商打起了交道，开始展示他的非凡才能，产业一路做大，一跃成为巨商。

此后，胡雪岩又先后协助调任福建和西北的左宗棠筹办洋务，收复新疆，又一直热心慈善事业，为国计民生作出了很大

◇ 胡雪岩故居
（视觉中国）

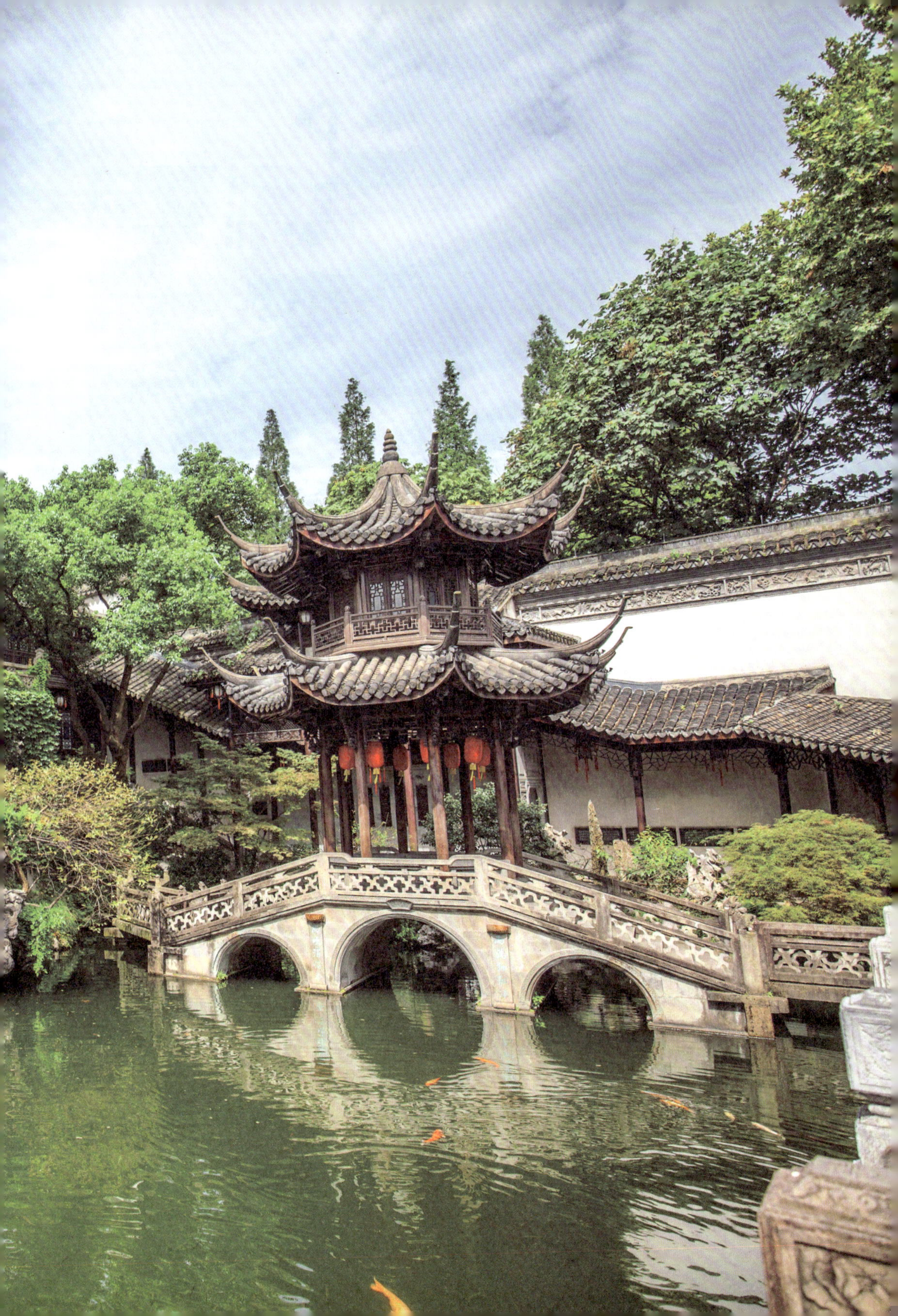

◇ 胡庆余堂

的贡献。胡雪岩被授予布政使衔（三品），赏穿黄马褂，官帽上可佩二品红色顶戴，这便是"红顶商人"一说的由来，胡雪岩由此成为当时中国最成功的商人。

然而盛极转衰。胡雪岩为了打破外商对于中国生丝出口的垄断，于清光绪八年（1882年）在上海开办蚕丝厂，耗银2000万两，以高出外商一倍的价格尽收国内新丝数百万担，试图以一己之力与外商进行生丝贸易的大决战。就在他占据上风之际，形势突然急转直下，欧洲生丝突告丰收，接着中法战争爆发，金融危机接踵而至，胡雪岩一下子跌了大跟头，资不抵债，无力回天。清政府获知胡雪岩欠款及资产情形，将其革职，令其还债，胡氏庞大的产业帝国几乎在一夜之间土崩瓦解。清光绪十一年（1885年）十一月，胡雪岩在贫恨交加中离开了人世。

胡雪岩跌宕起伏的一生，给后人留下了无尽的经验和教训。

如今在杭州，还能看到一处曾经属于胡雪岩的产业。距离他故居不远的河坊街，是昔日杭州城商业最繁华的地方。这里有一座规模宏大的药店——胡庆余堂，这是胡雪岩于清同治十三年（1874年）创建，秉着"戒欺"的诚信精神，逐渐发展成为与北京同仁堂齐名的大药铺，有"江南药王"的美誉。20世纪90年代，胡庆余堂完成了从传统作坊走向现代化药企的转型历程，至今依然生意兴隆。

今天徽州和杭州两地之间已经有公路和高铁，不再有航船，只是在新安江、富春江的一些河段还能看到船只的身影，主要是游轮。

但两地之间水上的联系并没有完全中断。一个在我看来很有意义的事情是，从2012年起，财政部、原环保部等有关部委在新安江流域启动中国首个跨省流域生态补偿机制首轮试点，设置补偿基金每年5亿元，其中中央财政3亿元、皖浙两省各出资1亿元，年度水质达到考核标准，浙江拨付给安徽1亿元，否则相反。这个"亿元对赌水质"的制度设计，开启了中国跨省流域上下游横向补偿的"新安江模式"。到现在协议已经续约了两次，协议的实施方案也不断细化升级。这就是两地之间正在持续发生的联系，也是两地共守一江碧水的庄严承诺与生动实践。

下篇

山水兼程 赣粤古道

赣粤古道

赣江
八境台
郁孤台
赣州
乌迳镇
梅关
章江
三影塔 珠玑巷
大余
南雄
始兴
浈江
南华寺 满堂围
仁化
丹霞山
北江
韶关
武江

图例
- 古道沿线城市
- 古道周边景物

说起中国南方的景观，你的眼前会浮现出什么样的画面？是河网交错的鱼米之乡，还是小桥流水的古村古镇？不错，这些景观确实很有代表性，但我们不能把中国南方的全部风景浓缩简化为这种浓郁的江南情调，甚至可以说，从地域面积上看，平原水乡只占南方地区非常小的一部分。

实际上，放眼整个中国南方，除了少量沿江沿河冲积平原和山间小盆地外，山区绝对是主流的地形。与北方山区不同的是，因为南方降水丰富，江河水系发达，所以自古南方人出行的道路往往是水陆联运。我们现在要说的这条赣粤古道就是属于这种形态的一条交通线。

从古至今，中国南方有两个大的经济中心，一个是长江中下游地区，另一个是珠江三角洲地区。前者拥有中国最主要的内河航运，而后者则以对外贸易为主导，两个区域之间自然也有人员和经济往来的必要。但长江中下游和珠江三角洲空间距离很远，在海运风险较大的年代，两个区域之间的联系主要是穿过中间相隔的湖南和江西两省。

◇ 航拍庐山鄱阳湖
（视觉中国）

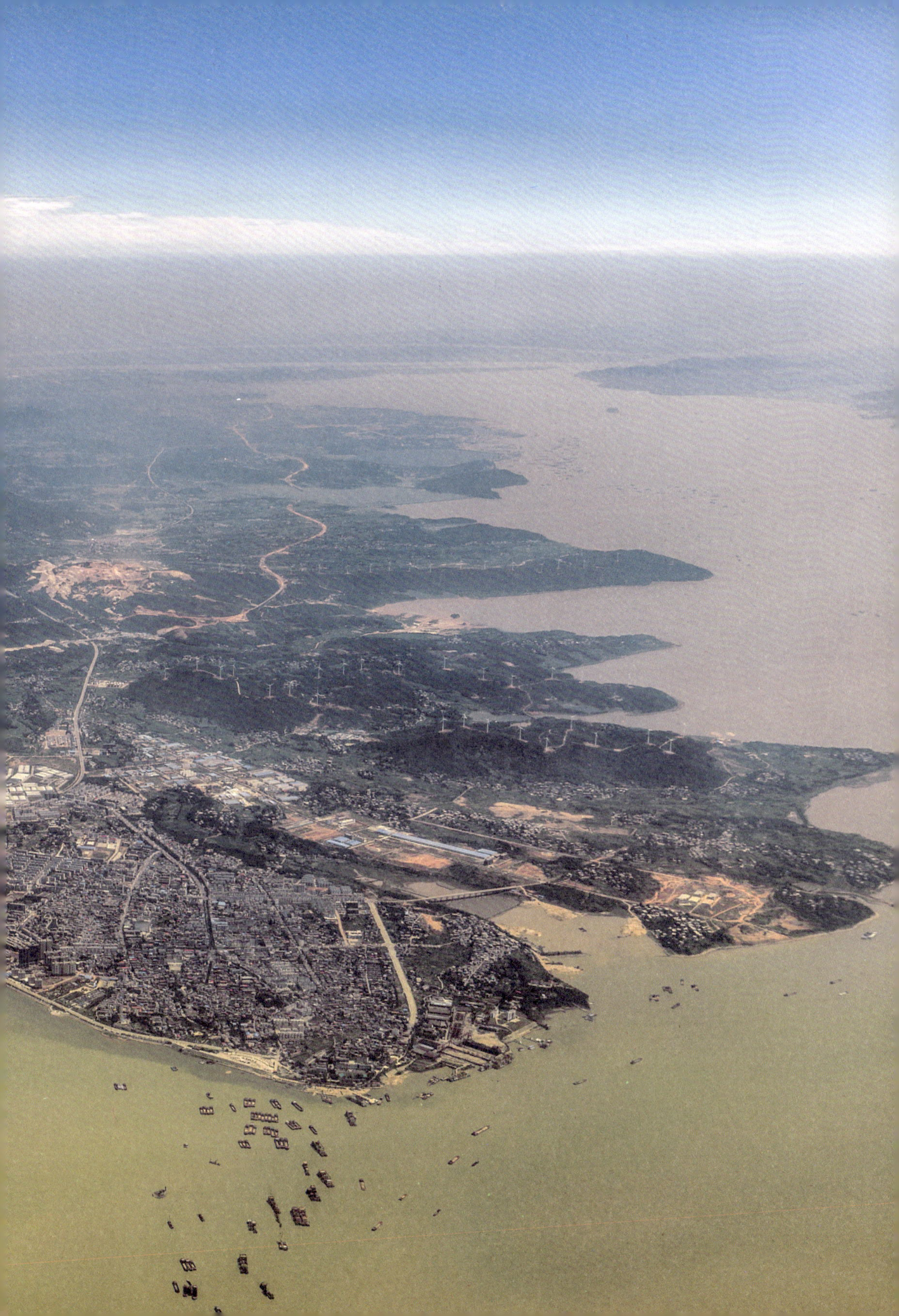

湖南、江西的地形构造看上去简直像"双胞胎"。这两个省的地形总体上都是南高北低，南部多为山区，北部为冲积平原，各有一条大江由南向北贯穿全境，最终流入大湖，再与长江相连接。湖南的河流大多属于洞庭湖水系，江西的河流大多属于鄱阳湖水系。

两个省的大部分土地分别属于洞庭湖水系和鄱阳湖水系流域范围。洞庭湖水系以湘江为主干流，鄱阳湖水系以赣江为主干流，我们只要想到湖南和江西的简称分别是"湘"和"赣"，就不难意识到它们的母亲河地位。

如此相似的地形也塑造了相近的人文环境，湖南、江西省内的主要城市和多数人口就分布在湘江、赣江及多条支流沿岸，两省的省会长沙和南昌，很早就是各地区域的中心城市，分别位于湘江和赣江下游东岸，纬度十分接近。再往北不远，湘江、赣江分别流入洞庭湖和鄱阳湖，它们又有出水口与长江相连，看起来长江就像一根藤，两个湖就像藤上挂着的两个葫芦。

那么，古时候南下北上的人们怎么走呢？大部分路段是走水路。如果从北往南走的话，在湖南境内走湘江水路，在江西境内走赣江水路。但在两条江的源头部分，也就是江西和湖南的南部与广东交界的地方，遇上了巍峨的南岭，那就要走一段陆路。翻过南岭之后可以再坐船，进入珠江水路，面向广阔的珠三角。实际上，一直到今天，这两大区域之间的陆上交通，还是一个走湖南，一个走江西，也就是今天京广线和京九线的走向，一起汇聚到广东的北部。

从历史上看，在很长时间里，走江西的道路更为重要一些。

有个例子可以说明这个问题。东晋时期，著名高僧慧远，之前是在荆州驻锡，公元381年，他准备南下前往广东，从荆州去广东罗浮山传法。按理说，最近的道路是走长江，在岳阳拐进洞庭湖、湘江，然后到岭南。但是文献记载慧远一行是沿着长江到了浔阳（属于今天的江西省九江市），然后进鄱阳湖，显然准备走江西的赣江水路。但就在鄱阳湖上，慧远远望庐山，觉得庐山非常清幽，可以息心，乃立精舍于此，不走了，以庐山作为弘法的大本营。我们知道庐山的东林寺便是慧远所建，庐山也成为净土宗的大本营。

◇ 江西赣州会昌县赣江（视觉中国）

慧远舍近求远，大概因为中古时期，赣江水路比湘江水路更有保障，赣粤古道比湘粤古道更能作为国家交通大动脉的缘故吧。

到唐宋以后，随着全国经济重心向江南（也就是长江下游地区）转移，连接南北的大运河也经过这一区域，因此更靠近江南的江西自然是南下北上的首选通道，连接江西和广东的赣粤古道（也可以称为粤赣古道）是过去连通长江流域甚至中原地区与岭南的主要路线。

当然，连接江西和广东的古道也不止一条道路，而是道路网，限于篇幅，我只打算选择其中一条来说。这条道路以赣粤两省交界的梅关古驿道为中枢，这是南岭上的一段陆路，而它的南北分别是北江水路和赣江水路。

当年我的行程是从广东的韶关出发，经仁化、始兴、南雄，在梅关翻越大庾岭进入江西，经大余到达赣州。这条路程不算长，全程都是在广东韶关和江西赣州两个地级市范围内，但内涵很丰富。历史上有哪些人曾经踏足？又有哪些有趣的历史故事呢？一起来看看吧！

韶关

水陆要冲　粤北名城

我们的出发地选在粤北地区最重要的城市——韶关，这座城市的重要性主要体现在交通位置上。韶关是广东通往江西、湖南的两条北上大通道上的枢纽城市。一起走了这么多的城市，读者朋友应该一下子能想到，像这样一个重要的交通枢纽的形成，必然跟地理位置和环境有关。

韶关是典型的南方山区城市，山水相连，雨量充沛，江河资源丰富，相应就形成了江河纵横的地理风貌。因为水系发达，这里虽然地势崎岖，交通却很便利，历史上被称为"韶州"，因境内的韶石山而得名。

现在为什么叫韶关呢？

可以从"关"这个字来考虑，那是因为明清时，先后在韶州境内设了三处收税的关口。南下北上的客商们把经过韶州称为"过关"，众口相传，久而久之，民间就以"韶关"来称"韶州"。1943年，广东省辖韶关市设立，这个民间叫法就此得到官方确认，一直沿用至今。从地名就能看出韶关作为水陆要冲的特点了。

流经韶关的河流绝大部分都属于北江水系，从更大的范围来说，北江又属于珠江水系。中国最重要的几条大江中，长江和黄河都是干流极长，如今的入海口固定而单一的河流，这也是我们比较熟悉的江河形态。但长度排第三、流量排第二的珠江并非如此。它是西江（发源于云南省曲靖市马雄山东麓，主要流经贵州、广西和广东中西部）、北江（发源于江西省赣州市信丰县，主要流经江西南部和广东中北部）和东江（发源于江西省赣州市安远县、寻乌县，主要流经江西东南部和广东中东部）三大水系的总称。甚至发展为珠江三角洲上各条河流的总称。因此，珠江水系是一个复合水系，支流众多，它们纵横交错，相互贯通，最后通过八个口门注入南海，形成"诸河通汇，八口分流"的格局。我们打开珠江三角洲的地图就能看得很清楚。

三大水系中，北江水系是珠江水系的第二大干流。韶关市区有三江六岸，这三江就是指流通市区穿城而过的武江、浈江与北江三条河流。其中浈江和武江都是北江的支流，它们从东

◎ 北江水系图

西两个方向贯穿市区，呈羽状汇入北江。

北江作为南岭南北重要航道，在秦汉时期就已经得到利用了。从秦汉一直到清代，在广东境内没有修建铁路和公路之前，北江一直是广州通往长江及中原的水上交通要道。韶关市现在有一些行政区就是以江河来命名的，比如浈江区、曲江区。可以看出江河水系在这里有着多么重要的位置。

◆ 南华寺与六祖慧能

历史为韶关留下了一座闻名遐迩甚至名声远播海外的佛教寺院，位于曲江区马坝镇，名曰"南华寺"，是一座禅宗名刹。

禅宗六祖慧能，在继承了五祖弘忍衣钵后，就是在这里发展出禅宗南派的，这是中国佛教发展史上最为重要的事件之一。而慧能与韶关、与南华寺的缘分，也得益于这条沟通了长江中游和粤北的赣粤古道。

慧能俗家姓卢，生在南海（今广东省广州市）新兴，自幼家贫，喜好佛法。当时禅宗五祖弘忍的弘法之地是在湖北黄梅双峰山。慧能前去求学佛法，因为自己没有什么文化和身份，最开始只能做杂役，偷听弘忍讲法，默然受教于心。慧能悟性极高，以一首"菩提本无树，明镜亦非台。本来无一物，何处惹尘埃"的法偈得五祖认可。五祖没有选择另外一个被广泛看好的弟子神秀作为继承人，而是夜授慧能《金刚经》并密传禅宗衣钵信物，慧能由此成为禅宗第六代祖。

五祖将信物传于慧能后,就叮嘱他赶紧南下。按照《坛经》上所说,慧能接受教法之后,当即告别五祖。黄梅往南就是长江,过江后就是九江,慧能渡江后,沿着赣江水路一路向南,花了很长时间到达大庾岭。据说他的对手因为对此不满,也一路南追,追到了大庾岭,而慧能用教法感化了追他的人,最终化险为夷,得以继续南下。

　　慧能先是在广州,后来又北上至韶州宝林寺,逐渐成为这

◇ 南华寺

里佛教发展的主导者。宝林寺就是南华寺的前身,始建于南朝,后者得名是源于北宋初年一次重修,朝廷所敕赐的南华禅寺一名,也就沿袭至今。南华寺是慧能一生弘法的主要场所,在此驻锡三十余载,也被认为是其圆寂后供奉真身的地方,所以一直被视为南禅祖庭,对海外比如日本也产生了很大影响。

南华寺位于韶关市区南约24千米处,有公交车可以到。这里是个山环水绕的好去处,是五岭之一大庾岭的余脉,峰峦奇秀,古木参天。而一到寺院门口能看到山门上悬挂着"曹溪"两个大字。曹溪是南华寺前的一条小河,虽然本身很普通,但因为南华寺、慧能而出名,成为禅宗南宗别号,曹溪水也常被用以喻指佛法。《坛经》云:"经诵三千部,曹溪一句亡。"

跨过山门就进入南华寺,这座历史悠久的寺院在历史上数毁数建,现在的建筑群于1934年开始重修,由著名高僧虚云主持。南华寺规模可观,从山门开始,沿着中轴线依次有放生池、宝林门、大雄宝殿、灵照塔和六祖殿,两侧还有钟鼓楼等建筑。其中最珍贵的文物是供奉在六祖殿内的六祖慧能真身像。坐像通高80厘米,据考证是以慧能的肉身为基础用夹纻法塑造而成。这是中国塑像的一门传统技艺:首先用泥、草等做成胎;然后用漆把麻布贴在胎的外面,待漆干后,再反复漆涂多次;最后把胎取空,再上彩绘,甚至描金。这种技法做出来的塑像,重量较轻,结实坚固,防腐耐潮,经久不坏。而以肉身为基础的干漆像,更为接近高僧的真实形象。

◆ 世界遗产丹霞山

离开韶关市区，让我们沿着浈江往上游走，也就是往东北方向走，没多远就到韶关市仁化县境内。这里有一处著名的自然景观，那就是被列入《世界遗产名录》的地质奇观丹霞山。

地质学上有一种非常重要的地貌叫丹霞地貌，简单说就是红色砂砾岩在风化、崩塌、侵蚀、溶蚀等综合作用下形成的各种不同形态的地形。景如其名，就如同天上的红霞一般丰富多彩，最明显的景观是壮观的红色悬崖。丹霞山正是这种地貌的命名地。1928年地质学家冯景兰在广东省北部考察时，注意到丹霞山具有分布广泛的第三纪红色砂砾岩层，意识到这是

◇ 丹霞山

◇ 韶关丹霞山（视觉中国）

一种没有研究过的独特地貌景观，将其直接命名为"丹霞层"。1939年，另一位地质学家陈国达将其称为"丹霞地形"。这一

命名此后得到地质学界的普遍认可,对它的研究也在继续进行。

中国是世界上丹霞地貌分布最广的国家。可以从中国东南的江苏浙江到大西南的广西贵州,大致划出一个半月形地带,从东南向西南开始数,像江苏句容茅山,安徽休宁齐云山,浙江永康方岩、江山江郎山,福建的武夷山、泰宁大金湖、连城冠豸山,江西贵溪龙虎山、赣州通天岩,湖南南部的崀山,广西资源的八角寨以及贵州西北的赤水都是以丹霞地貌闻名的地方。丹霞山也位于这个半月形地带上,它不仅是中国,也是全世界丹霞地貌景观中类型最为齐全、发育最为典型的一个地区。2010年,丹霞山、崀山、泰宁、赤水、龙虎山、江郎山六处以"中国丹霞"的名称被列为世界自然遗产。

不难想象丹霞山可以看的风景，可以游玩的地点很多。丹霞地貌无峰不美，无石不奇。当年一进景区，我就感觉被各种奇峰异石所包围，目不暇接。一条穿群山而过的锦江将丹霞山分为南北两部分，河北是丹霞山景区，河南是阳元山景区。

丹霞山最著名的奇石是阳元石，它是一种形态奇特的造型地貌，也是一个普通的丹霞石柱。它和后方的阳元山大石墙原本是连在一起的，后来沿着裂隙产生风化，使得这块石头逐渐与石墙产生分离，形成了今天所见极为独特的形态。根据推算，这块石柱的形成大约有 30 万年的历史了。我还记得那个傍晚我一个人坐在阳元山顶，眺望远方，可以看到丹霞峰林延绵到天际，真是非常难忘的回忆。

从丹霞山下来，让我们沿着浈江继续东行。前方是韶关市始兴县，那里有许多保存完好的客家大围屋，等待我们去探访。

始兴
客家围屋看这里

如果走在江西、广东、广西、福建这些省区南方客家人聚居的乡间，在稻田的视线之上，常常会遇见像堡垒一样的围屋，这就是一种典型的客家民居，是中国传统民居中举足轻重的一支。

关于客家人的身份，首先要说明的是，他们不是少数民族，而是一个汉族支系。客家人的产生，是历史上中原汉人因为动乱等原因，大规模向南方迁徙的结果。这一过程从秦始皇时代就开始了。而在秦代、西晋末、唐末、宋末、明末清初陆续有过几次南迁，除了秦始皇统治时期派兵南征岭南，其他大多数情况都是因为改朝换代，战火所导致的流民避难。大批的汉人移民过江南下，进入异乡后被编入客籍，以便与土著相区别，

◇ 始兴满堂围外观

所以逐渐有了客家人的叫法。远道而来，人生地不熟，他们落脚后大多选择聚居，生活在相对独立的环境中，因而保留了许多古老的中原北方生活习俗，在语言上也保留了华夏民族的许多古老发音。从这个意义上讲，客家人这个名称具有文化意义上的指向。而实际上，我们今天见到的客家人，他们的祖先早已在这片土地上生活几百甚至上千年了，早已不是客人，而是地地道道的主人。

客家人主要聚居区，就在江西南部、福建东南和西南部、广东东北部和广西东部这一片大致可以连起来的区域。讲到客家民居，有一些约定俗成的叫法，包括"闽南土楼""粤东围龙屋""赣南围屋""粤北围屋（楼）"。这些名称道出了客家民居几种主要类型的分布范围和建筑特征。它们的共同特征就是特别注重防御，都有高大严实的外墙，但各地的民居又有一些区别。

我们前方的始兴县，最值得一看的古迹，就是保存下来的200多座客家围屋。它们是粤北赣南主要的客家民居形式。

◆ 满堂大围：岭南乡间的家族城堡

围屋的特征自然在一个"围"字了：它们有严丝合缝的高耸外墙，将大大小小的房间都围了起来。一般只在墙的上部开小窗，甚至有些窗窄得只能叫孔洞，根本算不上窗户。我们从外头是根本没办法看清里面的，但是围屋里面的人可以将外面的来人看得清清楚楚。这可能也跟客家人最初迁徙，客居他乡的心态有关。去到一个人生地不熟的居地，只能聚集到一起抱团取暖，这样就形成了自我保护意识很强的建筑形式，就像一个家族城堡一样。而这种建筑也将个人和集体最大限度地联系在一起，有很强的凝聚力。

始兴县里最著名的围屋是隘子镇的满堂大围，它不仅是当地保存的200多座客家围屋中最完整的一座，也是全广东省最大的一处客家围楼。

隘子镇在始兴县的最南端，从始兴县城上车，要行一个半小时才能到镇上主街。一出镇子，就会看见前面有条小河，满

◇ 满堂大围内景

堂大围就在河的对岸，背依青山。它是典型的方形围屋，有一个灰白色的不高的外层，还有一个中心围，用清一色的水磨青砖砌成，四个角上都有碉楼，而且都是标准的九十度转角。就算我这样独自前来的访客，放在当年，一举一动也逃不出碉楼里观察者的那双眼睛。

这个满堂大围的主人是谁呢？

满堂大围属于官姓家族。明正统七年（1442年），家住福建汀州府上杭县的官福携家带口，迁徙到广东始兴县清化（即今天的始兴县隘子镇）落户生根。几百年来，子孙繁衍，散布在清化的各个村庄，官姓与张、华、饶姓等并为始兴当地的大家族。

让我们想象这样一个镜头：清道光十三年（1833年），以经营木材生意起家的客家巨富官乾荣53岁，站在满堂村的土地上，决心建造一座最大的围屋。采用围屋这种造型，一是因为这是当地传统建筑，工匠好找，技术谙熟。更重要的原因恐怕是官乾荣放心不下那些老问题——虽历经数百年融合，土客关系、新老客家关系始终微妙；山寇、盗贼也永远是心头之患。官乾荣在北靠马尾狮山、面朝七道山冈、左右各有小河流经的地段上，开始建造防御色彩浓厚的方形围。

三年后的冬天，主体建筑中心围竣工，接着又开始在两边建造侧围，整个工程直至清咸丰十年（1860年）才全部落成。从此官氏家族的这一支世代聚居于内，直到今日。

满堂大围由中心围、上新围和下新围三个独立部分并连而成，占地达 13000 多平方米。前方原先有个长方形的莲池，后来被填平。三个围子都各只设一座门，大门在中心围。我从这里跨进去，迎面是鹅卵石铺成的庭院，角落里有一处石井台，看上去还在使用。这个围子是"回"字形的，套了三重。主楼高四层，外墙以大型石条起基，往上是层层叠叠小青砖，据说是就近专门烧制的。墙体整齐排布着射击孔。这时我才注意到砖间石灰勾缝尚新，应是近年进行了不错的修缮。

围里最宽敞的厅堂是祠堂，客家围屋不管选取哪种布局形式，这一点上却是共同的，不管身居何处，祖宗不能忘。绕着祠堂，楼上楼下都是整齐划一的房间，以寝室为主，也包括了厨房、储藏间、仓房、厕所等。祠后是一个狭长的天井院，卵石之间青苔已深，新做的楼梯倒不俗气，居民们在咯吱作响的楼梯上来来往往。最后一进椭圆形的壮丁房画出优美的弧线，从前是下人住的。

上新围和下新围的格局大同小异，都是一周住房围绕中央的祠堂。据说整个满堂围的房间加起来有 777 间。这两边都没有经过修缮，大门立柱下有硕大的石柱础。有些屋子已经倾倒，露出木头梁架，但多数还有人住。门楣上贴着红纸，写着"添丁发财"一类的吉利话。上新围的祠堂敞开着，里面尚有四块精雕木板可作细观。

在满堂围晃悠了一个上午，也不见第二个游客。官乾荣的后人们进进出出，依然宁静地生活在百多年的老宅里。我喜欢"满堂"两个字，冀望朴素，暖暖落到人心底。

南雄
五岭之首可称雄

◇ 南岭国家森林公园
（视觉中国）

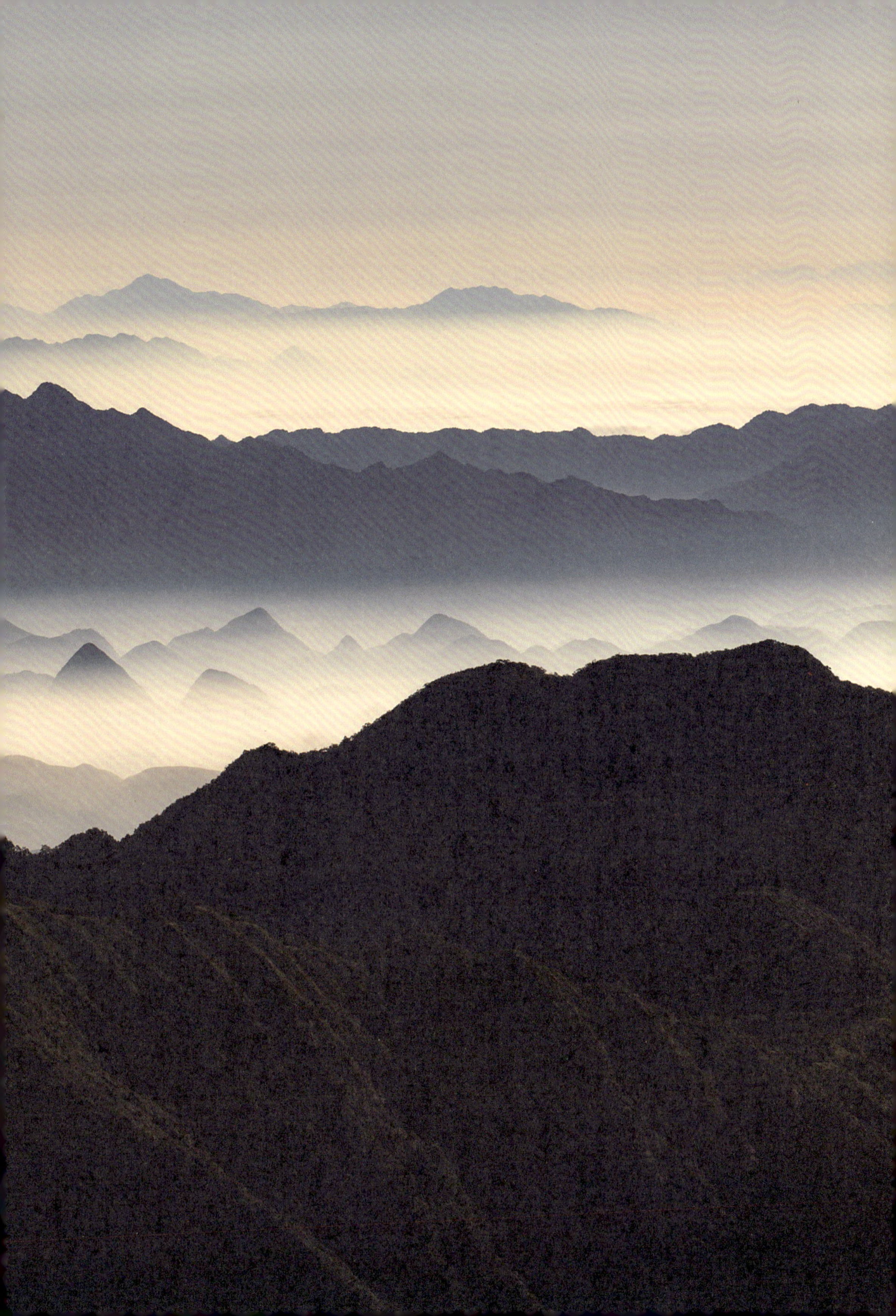

离开始兴县，让我们沿着浈江水路继续逆流而上，也就是往东北方向走。浈江是珠江水系北江干流的上游段，要到达的下一个县级行政区是南雄市。这是目前韶关市代管的一个县级市，也是我们走的赣粤古道离开广东前的最后一个县域。南雄以北的大山，就是南岭。

南岭，是古人对今天横亘在江西、湖南与广东、广西四省区之间连绵群山的总称，范围广大。它是中国南部重要的地理和气候分界。从水流的角度看，南岭是个分水岭，以北为长江水系，以南属珠江水系。南岭虽然不高，一般在1000米左右，却对阻挡冬天南下的寒潮和夏天从东南海面吹来的台风起到重要作用。南岭以南终年温暖，几乎不可能下雪，而以北则冬季比较湿冷，常见飞雪。

地理和气候的差异，也导致了南岭两侧居民生活习俗和文化观念有很大不同。比如我们常讲岭南文化，就是因为在南岭以南以广东为中心的区域形成了独具特色的地方文化传统。南岭也像一条纽带，使得岭南岭北的不同文化你中有我，我中有你，各方面的交流在历史上的任何时期均未中断。

我们也听过五岭的说法，像毛泽东就有"五岭逶迤腾细浪"的著名诗句。那么五岭和南岭是什么关系呢？原来前者从属于后者，五岭是南岭群山中的几处要地的称呼，它们被人类开发的历史较早，形成了若干穿岭而过的南北通道，自西向东依次为越城岭、都庞岭（也有人认为是揭阳岭）、萌渚岭、骑田岭和大庾岭。南雄以北就是五岭中最靠东的大庾岭，我们接下来要走的梅关道就是翻越大庾岭的古道。

◆ 水陆转换在南雄

南雄是这条路线上的一个节点所在。为什么这么说呢？因为浈江航道从韶关到南雄城区这一段，古代常年通航，从南雄再往江西走，要过梅关道，就得在南雄城下的浈江码头上岸，改走陆路往北。南雄就是个水陆交通转换的枢纽。

不过另外还有一种通往江西的走法。那是从南雄城下码头继续走水路，沿着浈江和更上游的昌水往东走，到达一个叫乌迳镇的地方，那是南雄东部的商业中心。在新田墟码头上岸后，走陆路进入江西省信丰县，到九渡水码头后，再次上船，下桃江，入章水，进入赣江水路。这条路叫"乌迳古道"。

这条"乌迳古道"出现得更早，是客家人南迁的重要通道。但是我们看一下南雄城区以上的浈江，可谓九曲十八弯，并不好走，所以自唐代开辟的梅关道后来居上，就成为此后一千多年翻越南岭连通赣粤的主要通道了。

但无论哪种走法，南雄城下的浈江码头当年都是相当繁忙的。今天南雄虽然是县级市，但历史上是州、府一级的建制，比如明代是南雄府，清代是直隶南雄州，和府同级，为咽喉要道，是粤赣边境的商品集散地，史称"居五岭之首，为江广之冲"。

进入20世纪，随着铁路的兴建，货运的分流，特别是

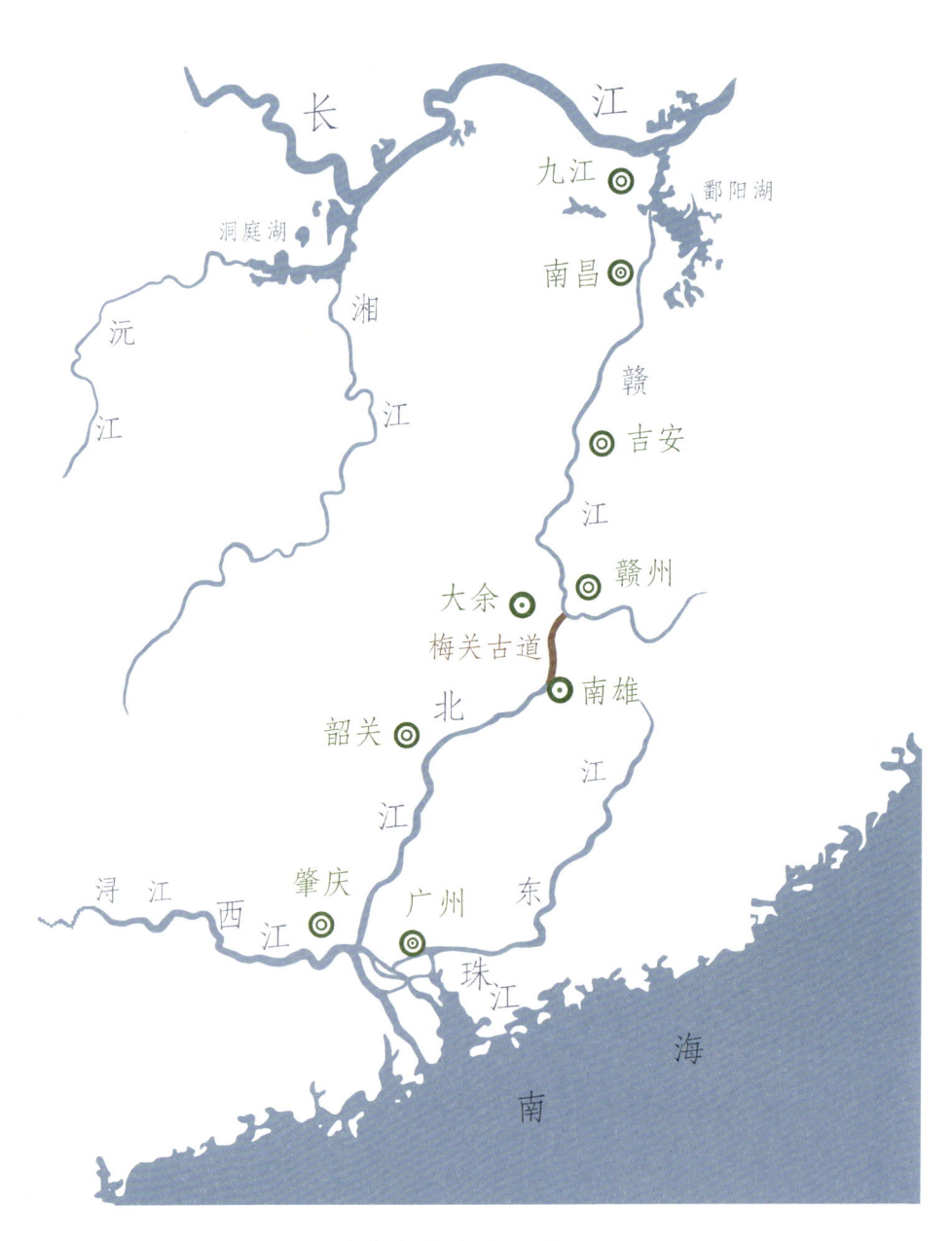

◎ 古代湘赣粤交通图

1949年浈江流域截支流建水库后，浈江上游水源减少，大船不能通行，水道自然就一蹶不振。今天我们在南雄城区，还能看到沿着浈江的一段城墙和几座城门，大约有1500米长，因为防洪才保存下来的。我们可以走在城墙上，望一望浈江水，想象当年的繁华景象。

南雄城区现存最重要的古迹是三影塔，它就矗立在浈江北岸。三影塔是六角九层楼阁式的空心砖塔，内有木梯可以登塔，连塔刹在内高度超过50米。这座塔始建于北宋大中祥符二年（1009年），是广东境内现存明确建造年代最早的一座塔。这座塔原本在寺院中，后来寺毁塔存，虽然后来数次维修，但基

◇ 南雄市三影塔（视觉中国）

本还保留了宋塔的样式。

为什么叫三影塔呢？据传说，当年寺院的墙壁非常光滑，像镜子，能够反射出三个塔影，一影朝上，两影倒悬，故名"三影塔"。这个传说神乎其神，难以求证。但三影塔挺拔优雅的造型，一定给千年来粤赣古道上的旅客们以深刻的印象。时至今日，它还是南雄的城市标志。

◆ 家从珠玑巷迁来

出南雄城北行，大约 20 千米就到梅关，也即赣粤古道翻越南岭的地方。在路上会路过一个叫作珠玑镇的地方。这里有条老街"珠玑巷"，见证了千百年里持续不断的南迁故事，成为讲述这段历史时不能不提的一笔。

珠玑巷实际上是一条古驿道，在南雄城北 9 千米的地方。珠玑巷全长 1 千多米，是用鹅卵石铺成的道路，现在道路两旁是民宅、祠堂和店铺。它原名叫敬宗巷，根据文献记载，是唐敬宗（公元 9 世纪初）时期，张九龄的后代张昌一家人在此七代同堂，朝廷赐予他们珠玑绦环，就将这里改名为"珠玑巷"。

珠玑巷在这条南迁路上的特殊性在于，它是这条驿道上必经的一站。

宋代的文献中记载，梅关古道修建后，当时人们从都城汴梁沿着汴河、淮河、漕渠等水路到梅岭，大部分人都会选择下浈江继续向南走，浈江水路上的南雄就成了移民们入粤的第一

◇ 珠玑古巷（视觉中国）

个驿站，滞留在这里的人口数量一下子增多了。事实上，南迁过来的很多人当时就直接安居在珠玑巷里或者附近，珠玑巷成为了整个地区的象征。

一方面北方不断有移民南下到这里，另一方面大部分人一段时期后又陆续从这里南迁，到了珠江三角洲一带。像是宋末元初的时候，珠玑巷移民南下珠江流域，就构成了岭南历史上规模非常大的南迁。这样一来，珠玑巷在这批人的心里就不仅仅是一个南下的中转站了，还成了故乡的象征。在今天珠江三角洲地区的大量族谱中,都能看到"家从珠玑巷迁来"的记载,有点像我们常说的"要问我家来何处,山西洪洞大槐树"一样。珠玑巷由此成为了南迁民众的文化符号和纪念地。

　　从珠玑巷继续北上，很快就到了梅关道。我们就要见到赣粤古道上最为重要的一站了。

梅关
千古风流人物

粤北多山，从南雄往北去，路上不断迎送的青山就属于梅岭的范围了。我们下一个目的地梅关便建在梅岭上。

关于梅岭的得名，有一个说法：战国时一拨南迁的越人，登上此山眺望到明秀的岭南风光，便在这一带安营扎寨繁衍生息。他们的首领姓梅，便以此命名为"梅岭"。梅岭由来的另一个说法则指向纯粹的自然——岭上多梅花，"庾岭寒梅"是粤赣名胜。

◆ 张九龄：岭南第一人

"海上生明月，天涯共此时"，这是唐代诗人张九龄《望月怀远》诗中的名句，而诗人身份是后人赋予他的。在当时，张九龄的正式身份是一位名臣，开元年间任中书令。说起梅关道，首先要提到的人，便是张九龄，他是土生土长的岭南人。

在地图上，梅岭被标为大庾岭，这也是个古称，逶迤五岭中最东的一段，也是当年秦军南下开辟的交通线之一。有学者认为秦军曾在岭上修建了一座"横浦关"，如今这座关早已杳无痕迹。到了唐代，繁盛的贸易活动使得南北货物运输量大为增加，秦以来的山道已经破败不堪，无法承载日益增加的人流货流，行旅之人叫苦不迭，修缮道路成了当务之急。

唐开元四年（公元716年），暂时官场失意的韶州曲江（今广东省韶关市）人张九龄回到家乡，目睹了梅岭道路不堪重负的现状，上奏朝廷请求修缮。得到应允后，他便在梅岭上反复考察，最终决定在老路以东的地方开辟一条新路，建成后将比老路缩短数里。

　　这是一项浩大而艰难的工程。张九龄带着人"缘蹬道，披灌丛。相其山谷之宜，革其阪险之故"，大功告成后，张九龄于唐开元六年（公元718年）返回长安。后来他成为盛唐最后一位名相，家乡人记住了他的功劳。唐代便有立碑，元代岭上建了"张文献公祠"，明清两代均受到当地政府的高度重视。

◇ 梅关

人们还在梅关附近为张九龄夫人建了一座"夫人庙",代代奉祀,直至今日。夫人庙就在岭下路口,南来北往的人都会停步在此凭吊一番。

梅关道开通后,南岭两边的往来大为便利,梅岭上呈现出"长亭短亭任驻足,十里五里供停骖,蚁旋鱼贯百货集,肩摩踵接行人担"的热闹景象。正由于它的交通动脉作用,历代官府都十分重视,在岭下设置"红梅巡检司"等管理机构,驻兵把守;建有"梅岭驿馆"供行旅落脚,还不断对道路进行修缮,在路边补种松梅,维持着梅关道的千年繁荣。

岭南这块土地,自古与许多著名人物的名字联系在一起,但多是来去匆匆的过客,且以贬官至此的居多。比如韩愈与潮州、苏轼与惠州、秦观与雷州等。

唐宋时代,尽管岭南已经有了很大的发展,但还是被定都北方的朝廷视为荒远之地。往来梅关道的官员中,有不少人是被贬谪岭南的。他们中不乏著名的文人,在梅岭留下许多诗句。

◆ 苏轼:曾见南迁几个回

走过梅关道的历史名人有很多,由于身世不同,踏上这条道路的原因不同,对于眼前梅关的风景,也有不同的感悟,留下风格迥异的文学作品。北宋绍圣元年(1094年),年近60岁的苏东坡南下走过梅关道。这位中国历史上知名度数一数二的大文豪,也是当时重要的政治人物。苏轼的后半生可谓颠沛流离,屡屡在政治风暴中受到冲击,不止一次遭到贬谪。这一次,苏轼被降职,从华北被远贬岭南,踏上了千里迢迢的南迁之路。

据说,苏轼经过梅岭时曾在道边种下一棵松树。今天在靠近关城处还有一棵名为"东坡树"的老树。翻过梅岭,面对陌生而又湿濡的岭南大地,面对看不到尽头的贬谪生活,苏轼本就苍凉的心感到更加茫然。

但苏轼是天生的乐天派。在岭南,他结识了许多新朋友,也喜欢这里的风土人情,更产生了"日啖荔枝三百颗,不辞长作岭南人"的快乐。在广东惠州工作生活了两年多后,苏轼再一次遭到贬谪,渡过琼州海峡,来到当时被视为蛮荒之地的海南岛。

七年以后,苏轼获准北归,离开荒岛重新踏上中原大地。这种返乡的兴奋使得苏轼就像脱笼的鸟,像入水的鱼,心情大为畅快。这一次走的还是梅关道,从南边登岭,时为正月,岭南梅花已开,清香弥漫山岭,苏轼的脚步轻快了许多。到了关前一看,还见到了自己种下的那棵松树,他不仅想起当年初过梅关的情景,在山岭之上徘徊不已。

这时,岭上店铺门口坐着的一位老人好奇地问苏轼的随从,这位官人是谁。当得知对方就是大名鼎鼎的苏东坡时,老人十分激动,来到苏轼跟前拱手行礼,并说道:"今日北归,真是天佑善人啊!"

苏轼听后非常感动,想起和自己一同贬谪岭南的那批元祐老臣大多已经去世,不禁感慨万千,随即赋诗一首,赠与老人:

> 鹤骨霜髯心已灰，青松合抱亲手栽。
> 问翁大庾岭头住，曾见南迁几个回？

苏轼离关北上，将一个"吟啸且徐行"的身影，留在了梅关道的斜阳晚照中。

◆ 文天祥：归乡如不归

北上出岭的人，还有吟出"人生自古谁无死，留取丹心照汗青"的文天祥。

宋端宗景炎三年（1278年）十二月，南宋忠臣文天祥率部在广东抵御元军的进攻，却在五坡岭遇袭而被俘。第二年四月，文天祥被元军押解，从广州出发，一路向北，途经今天的广东、江西、安徽、江苏、山东、河北六省，历时半年抵达元朝首都大都。

文天祥在北行过程中写了不少纪行诗，后来合成诗集《指南后录》。根据这些诗歌的描述，我们得以知道具体的路线。元军押解文天祥就是先走赣粤古道，在江西省大余县改为船行，顺着章水到赣州，然后进入赣江航道抵达南昌，再由南昌渡过鄱阳湖，由九江湖口转入长江航道，顺流而下，经安徽抵达南京，在此北渡长江到扬州，到达淮河以北的淮安后，改为陆行，一路抵达大都。《指南后录》不仅记录了沿途许多城市乡村的面貌，也给我们展示了宋末元初南北交通的最主要路线。

那么，我们不难猜到，文天祥一定翻过大庾岭，越过了梅关。

的确如此,这一年的五月间,文天祥就踏上了梅关道。他的家乡江西庐陵县(今江西省吉安市),就在赣江航道上。当文天祥上岭过关时,心中一定是百感交集,以至于下岭后,写下"梅花南北路,风雨湿征衣。出岭谁同出,归乡如不归"的诗句。"归乡如不归"要比"近乡情更怯"来得更为悲伤。文天祥下岭后,做出了绝食抗争的举动。他八天未进食,原本计划行至家乡时

◇ 梅关古驿道

可以壮烈殉国，结果却没有饿死，后来他发现可能有机会逃脱，继续抗元，才恢复进食。

元至元十九年十二月（1283年1月），文天祥在大都从容就义，终年47岁。梅关道，见证了一个悲壮的历史身影。

◆ 跨越梅关入江西

梅关现在是景区。当年我从广东这边过来，就在快进入江西的岔路口下车，很快就进入景区。

我是在盛夏七月上岭的，脚下的道路用大小不一的鹅卵石砌筑而成，每隔一小段以条石加固，缓缓向山上爬升，宽阔平坦。石缝间有点点青草生出，两旁满是梅树，只是距离开花的日子还遥遥无期。游人不多，四下安静，路边有山溪流淌，树影在石头路面上微微晃动。

当年的艰辛行路，变成了如今的信步闲游。

没用多久，便到岭头。一座砖砌关城立在眼前，架在隘口之中，这便是始建于北宋的"梅关"。有人说它"隔断南北天"，也有人说它有"一夫当关，万夫莫开"的气势，这些真是过誉了。关城小小，上层楼台已经倒塌，仅存关门，看上去高不过四五米，门洞深度也大概差不多，可以看到门洞那头的光亮，真是几步就能通过。这一带的

山影，也毕竟未脱南方山岭的秀气。

　　关城南北都有石匾，北面刻着"南粤雄关"，南面刻着"岭南第一关"，两边有一对短联"梅止行人渴，关防暴客来"。此季没有梅子可摘，而如此小关，真的可以防范有备而来的"暴客"

◇ 从梅关眺望江西一侧的风景

吗？驻关的兵丁，干得最多的大概是征收税款和调解纠纷吧。

过了关城，就一步跨进江西。这是我第一次来江西，居然步行进了江西，像古人那样。

多年前徒步行走梅关古驿道的记忆非常深刻，不仅因为七月的暑热难耐，也是因为在梅关两侧看到的不同风景，脚下是横竖绵延的茫茫南岭。记得更早的时候，我坐夜班火车，躺下的时候开始钻山洞，一觉醒来发现还是在光亮与黑暗之间切换。

南岭两侧的景观气候大不相同，南枝落尽，北花始开，岭北竹梢闻风，岭南芭蕉听雨，往北依然是大小山岭相连，直抵我皖南的家乡，而往南则迅速倾斜下去，滑向珠三角和辽阔南海，因而南岭既是地理上，也是心理上的重大分界。

从"梅关道"被加入一个"古"字，称为"梅关古道"开始，它就成了一个被观摩打量的对象，后来人的兴趣，不再是关后的世界，而就是梅关本身。然而，城砖老旧，苔藓侵墙。在路边的碑刻上，在早前读过的诗文中，我隐约能看到那些心思各异的逾岭之人。

商贾们满怀憧憬地走上梅关道，"往来各不问乡贯，彼此同为行路人"。与商人相伴的，是岭上行人的主体——挑夫。据说到清道光年间，"负运茶叶及商贸过岭关的梅岭力夫人数共约几十万"，他们在意的不过是养家糊口。

◆ 汤显祖：《牡丹亭》里的南安旧梦

我往北继续沿着古道而行，走下梅岭，前方是江西大余县，属于赣州，是梅岭古道北端的终点，从那里可以行船章水。

大余的旧称是"南安"。过去是南安府所在，和南雄一起扼守梅关道的两端，地位比一般的县要更为重要。

说到南安这个旧地名，大家会想起什么吗？曾经有一位"南安太守"名叫杜宝，他有个女儿叫作杜丽娘。说到这儿，你也许知道我说的是明代戏剧家汤显祖的代表作，也是中国戏曲史上的名作《牡丹亭》，这个故事设置的背景就在南安。

原来汤显祖也走过梅关道。传说在登岭之前，他曾在南安驿馆小住，游览了南安府衙的后花园，见到了一座牡丹亭和一棵大梅树。当地人跟他说了有关太守之女的离奇情事，汤显祖这才有了动笔写作《牡丹亭》的灵感。

在《牡丹亭》中，家教甚严的杜丽娘在十六岁的一个春日里才走进府衙的后花园。面对姹紫嫣红的满园春色，杜丽娘心旌摇荡，生出无限的伤感情绪，认为自己虽然出生在官宦人家，享受荣华富贵，然而年已及笄（笄，音 jī。古代女子满 15 周岁时会把头发盘起来，用笄贯之，因而称女子满 15 周岁为及笄。古人结婚年纪早，认为及笄就到了结婚的年龄），却还没有遇到如意郎君，感到自己虚度青春。

在午睡时，杜丽娘梦见了一个折柳书生和她在花园牡丹亭畔的梅树下相会，两人一见钟情，如痴如醉。待醒来后，书生不见了，杜丽娘感到极为失落，逐渐不满自己的生活环境，从此一病不起。临死之前嘱咐家人把自画像藏在牡丹亭的太湖石下。而杜宝这时奉命调往淮扬一带抗金，将杜丽娘安葬在了南安的梅花观。

三年后，有个名叫柳梦梅的岭南书生，因家道败落，离家北上求取功名。路过南安时，意外拾到了杜丽娘的自画像，而他恰好住在梅花观里。夜里，杜丽娘的魂魄来到柳梦梅的屋里，柳梦梅认出就是画上的女子，并不害怕，而是大为感动。两人自行结为夫妻。杜丽娘生前未能实现的愿望，在死后得以实现。柳梦梅掘开了坟墓，让

◇ 大余牡丹亭文化园（视觉中国）

杜丽娘服下还魂丹，终于起死回生。

接来下的故事离开了南安。历经周折坎坷，最后还是由皇帝亲自出面，给两人赐婚，最终迎来了大团圆的结局。

也许你还没有在剧院里看过昆曲《牡丹亭》的演出，但我想你一定听过"良辰美景奈何天，赏心乐事谁家院""则为你如花美眷，似水流年"的唯美词句，没错，它们正出自《牡丹亭》。汤显祖歌颂了爱情的伟大，可以让生死为之流转，塑造了杜丽娘至情至性、敢于为爱情冲破一切牢笼的光辉形象。《牡丹亭》成为我国戏曲文学发展史上一部里程碑式的重要剧目。

当然，根据学者的研究，汤显祖是在更早出现的话本《杜丽娘慕色还魂记》基础上进行的创作。但梅关之行的影响还是在剧中留下了痕迹，且看这些台词：

"晓来望断梅关，宿妆残。"（第十出《惊梦》，杜丽娘语。）

"我柳梦梅秋风拜别中郎，因循亲友辞饯，离船过岭……一天风雪，望见南安。"（第二十二出《寄旅》，柳梦梅语。）

赣州
章贡交汇　古风犹存

从大余县城东边章水上的东山大码头，我们再次上船。这座昔日相当繁华的码头，如今还留存河坎、台阶、石碑等在内的清代遗存。顺流北上，就此进入赣江水系，经南康区就到了本次旅行的终点，赣南地区的中心城市——赣州。

我们翻开江西省的政区图就会发现，这个省的地级市主要分布在北部和中部，而整个赣南地区只有一个地级市——赣州，由此可见其地位之重要。

◇ 航拍赣州龟角尾公园与八镜台（视觉中国）

毫无疑问，赣州是江西省面积最大、人口最多的地级市，总面积接近4万平方千米，下辖3个市辖区、13个县、2个县级市，户籍人口近千万，面积和人口占比都接近全省的四分之一。

赣州是个古城，数千年没有改变城址，目前的面貌新旧杂陈。在老城区偏北的区域保留了较多的古迹，如文庙、慈云寺塔，还保留了宋代城市的一些街巷格局。在赣州城的地下，还完好保存了宋代建造的庞大城市排水系统——福寿沟。

要理解赣州在地理和交通上的重要性，最好的体验方式是沿着现存的赣州古城墙走一圈。

赣州城墙始建于北宋熙宁年间（1068—1077年），是用砖石砌筑的，在缝隙里注入熔化的生铁水，待冷却后基石以铁拉连，非常坚固。这种建筑方法不仅提高了防御能力，也使得三面临水的赣州城能更有效地抵御洪水。现在保存下来的主要是城北沿江而建的部分，偏东是沿着贡水的城墙。行走这一段的时候，还能遇上建春门外贡水上的浮桥，你会感到古风犹存。

◆ 郁孤台下清江水

偏西的城墙沿着章水修建，从这里走过会看到附近有个小山头，山头上有座三层楼阁建筑。南宋词人辛弃疾有一首名垂千古的词作《菩萨蛮·书江西造口壁》，开头写的是"郁孤台下清江水，中间多少行人泪"。我们眼前的这座山顶楼阁，便是辛弃疾笔下的郁孤台。

郁孤台因其所在的小山"郁然孤峙"而得名。它是赣州城内的制高点，历代名人途经赣州，无不登台远眺。尤其唐宋以来，诸多著名文人皆有吟咏郁孤台的文学作品，仅宋代而言，就有赵抃、周敦颐、苏轼、洪迈、周必大等人，而最为后人提起的，还要属辛弃疾。

《菩萨蛮·书江西造口壁》是南宋淳熙三年（1176年）辛弃疾任江西提点刑狱，驻节赣江，途经造口时所作。造口在今天的江西省万安县，在赣州以北。流经造口的赣江水，不舍昼夜地从郁孤台下流过来，辛弃疾在此勾起了回忆。想必他曾经登郁孤台北眺，感慨山远水长，行路艰难，人生亦复如此。他寄望收复中原，抬眼却只能"西北望长安，可怜无数山"。自己始终未能得到朝廷重用，壮志难酬，这一切都化为"江晚正愁余，山深闻鹧鸪"。真是一怀愁苦全借风景托出，这番心境恰与郁孤台之名构成了奇妙的对应，也打动了无数后来人。郁孤台也因此在中国文化上占据了特殊地位，成为报效国家的象征之地。

两段城墙的会合处，是赣州城的最北端，这里也有一处楼阁，直接建在城墙上，叫作"八镜台"。我建议游赣州的朋友一定要登台，北望，你会发现西来的章水、东来的贡水就在北侧城墙下交汇，合成一条江往北流，这便是赣江。也就是说，从八镜台下两水合流以后才始称赣江。

大家看一看"赣"这个字，左边是"章"，右边有"贡"，

◇ 赣州八镜台
（视觉中国）

当然赣江、赣州以及江西简称"赣"的得名是不是这么来的，在学术界还有争议。但至少这个字形，确实非常形象地表明了赣江有章、贡两源。我一直强调了解水系对于我们理解历史和社会有莫大的作用，这里算是个很好的注脚。

赣州的重要性自然就体现在它是赣江水路上的枢纽，是赣江上下游的分界点。从这里继续往北，就能经由赣江抵达鄱阳湖平原，然后进入长江，来到更广阔的天地。